AI와 미술관

AI문고

인공지능 시대입니다. 기계가 인간의 인지를 대신하고, 사물이 인간을 통하지 않고 다른 사물과 직접 커뮤니케이션합니다. 이에 따른 인간 삶과 문명 변화를 정확히 이해·예측·대응하는 것은 이 시대 우리 모두의 과제입니다. AI문고는 인공지능 기술과 환경의 여러 주제를 10가지 키워드로 정리합니다. 관련 개념과 이론, 학계와 산업계의 쟁점, 우리 일상의 변화를 다룹니다. 인간과 기술의 현재, 미래를 세심히 분석합니다.

일러두기

- 인명, 작품명, 저서명, 개념어 등은 한글과 함께 괄호 안에 해당 국가의 원어를 병기했습니다.
- 외래어 표기는 현행 어문규정의 외래어표기법을 따랐습니다. 다만 내주의 인명은 참고문헌의 표기를 따랐습니다.

- 이 저술은 2025년도 중앙대학교 연구년 결과물로 제출됨.

처음이세요?

전문가세요?

지금, 큐알 찍으면

- 🎁 AI 입문서 바로 선물
- 📚 당신만의 필독서 추천
- 📖 500권 요약본 공짜
- 🎧 오디오북 무료 사용

AI와 미술관

이보아

대한민국, 서울, 커뮤니케이션북스, 2025

AI와 미술관

지은이 이보아
펴낸이 박영률

초판 1쇄 펴낸날 2025년 8월 6일

커뮤니케이션북스(주)
출판 등록 2007년 8월 17일 제313-2007-000166호
02880 서울시 성북구 성북로 5-11
전화(02) 7474 001, 팩스(02) 736 5047
commbooks@commbooks.com
www.commbooks.com

ISBN 979-11-430-0595-3 03500

책값은 뒤표지에 표시되어 있습니다.

차례

AI와 공존하는 뮤지엄 3.0 시대 xi

01 AI가 스며든 미술관 1

02 AI가 기록하는 미술관 15

03 AI가 예술에 부여한 새 생명 29

04 복원을 넘어 새로운 창조를 이끄는 AI 43

05 예술 작품을 분석하는 AI 53

06 미디어 아트에서 AI 예술 창작물로 63

07 전시를 통제하는 AI 75

08 AI와 함께 큐레이팅하는 미술관 85

09 관람객의 데이터를 읽어 주는 AI 97

10 AI 도슨트 107

AI와 공존하는 뮤지엄 3.0 시대

AI(인공지능) 기술이 전례 없는 속도로 발전하면서, 예술과 문화의 영역에서도 이전에는 상상하기 어려웠던 변화들이 발생하고 있다. 특히 뮤지엄 3.0 시대로의 전환과 함께, 관람객과의 상호작용과 참여는 미술관의 주요한 과제로 새롭게 부상했다. 미술관은 이제 더 이상 예술 작품을 단순히 보존하고 전시하는 공간에 머무르지 않는다.

기술의 발전은 기계가 인간의 시선과 감각을 모방하는 것을 가능하게 만들었고, 이제 AI 알고리즘은 창의적인 예술 창작물까지 생성할 수 있는 수준에 도달했다. 특히 2022년 등장한 챗지피티(ChatGPT)를 비롯한 생성형(Generative) AI는 예술계 전반에 걸쳐 창작 방식의 변화, 작가 정체성의 재정의, 예술 교육과 비평 방식의 전환이라는 세 가지 측면에서 상당한 영향을 미치고 있다.

상술한 세 가지의 차원에서 가장 큰 변화가 발생한 부문은 창작 방식이다. 과거에는 컴퓨터에게 명령을 내리기 위해 별도의 프로그래밍 언어를 익혀야 했다. 하지만

오늘날의 생성형 AI는 인공 신경망을 기반으로 사용자의 자연어 명령을 이해하고, 학습된 데이터를 바탕으로 텍스트, 이미지, 오디오, 비디오 등 다양한 형식의 콘텐츠를 자율적으로 생성할 수 있게 되었다. 예를 들어 달리(DALL · E), 노블AI(NovelAI), 스테이블 디퓨전(Stable Diffusion), 미드저니(Midjourney)와 같은 이미지 생성 도구를 통해 누구나 손쉽게 고품질의 창의적 이미지를 만들어 낼 수 있다. 실제로 미드저니는 초현실적이고 감각적인 일러스트를 생성하는 데 강점을 지니고 있고, 예술가들은 오픈 소스로 배포되고 있는 스테이블 디퓨전을 자신의 스타일에 맞게 커스터마이징해서 창작에 활용하고 있다.

이러한 생성형 AI의 창작 역량은 실제 사례를 통해 입증되기도 했다. 2022년 미국 콜로라도 주립 박람회에서 제이슨 앨런(Jason M. Allen)은 미드저니를 활용해 제작한 작품 〈테아트 도페라 스파시알(Théâtre D'opéra Spatial, 우주 오페라 극장)〉로 디지털 아트 부문 1위를 수상했다. 그는 600개가 넘는 프롬프트를 조정해 이미지를 생성한 뒤, 이를 포토샵과 AI 기반 보정 도구로 다듬어 최종 작품을 완성했다. 이 사건은 AI가 예술 분야에서 단순한 보조 도구를 넘어 독립적인 창작의 주체로 인

식되기 시작한 계기로 평가되며, 이후 유사한 대회에서 AI 활용 여부 명시가 요구되는 등 제도적 변화를 촉진했다.

상술한 AI의 진화에 따라 '예술'이라는 개념에 대한 인식은 더욱 다양해지고 있으며, 그 철학적 · 미학적 논의는 심화되고 있다. 이러한 변화의 흐름을 목도하거나 체감할 수 있는 장소 중 하나가 바로 미술관이다. 현대 사회에서 다양한 관람객들이 '열린 플랫폼'으로서의 미술관을 방문하고, 전시를 매개로 삶의 의미를 재발견하고, 공동체적 정서를 공유하는 장소로 기능하고 있다.

AI와 미술관 소장품

AI가 미술관의 기능, 운영 방식, 그리고 관람객을 위한 서비스 전반을 근본적으로 변화시키고 있다. 이는 단순한 경영 효율성의 향상을 넘어, 관람객의 예술 경험 그 자체에까지 실질적인 영향을 미치고 있다는 점에서 주목할 만하다. 소장품 관리 측면에서, AI 기술은 소장품을 자동으로 등록 · 분류하고, 보존 처리가 필요한 작품을 선별할 수 있는 능력을 갖추고 있다. 큐레이터는 AI를 활용해서 예술사적 맥락 속에서 기존에는 파악할 수 없었던 예술 작품의 숨겨진 밑그림을 발견해서 새로운 스

토리텔링을 만들어 낼 수 있다.

한편 복원 전문가는 소실된 작품의 일부분을 AI 기술로 복원할 수 있다. 예를 들어 AI는 단순한 도구를 넘어 예술의 보존과 복원 영역에서 중요한 역할을 수행한다. 프랑스의 뤼미에르 테크놀로지(Lumiére Technology)는 레오나르도 다빈치의 〈살바토르 문디(Salvator Mundi)〉(1499~1510) 복원에 AI 기반 이미지 분석 기술을 활용했다. 연구팀은 엑스레이와 적외선 반사 이미지를 결합한 고해상도 스캔 데이터를 통해 작품의 원래 붓 터치와 색조를 분석·예측해서 디지털 복원을 시도했다.

네덜란드 반 고흐 미술관(Van Gogh Museum)은 AI를 활용해 고흐의 손상된 캔버스 아래 숨겨진 〈자화상(Self-Portrait)〉(1887)을 복원했다. 엑스레이 투시 이미지를 바탕으로 딥러닝 기반 이미지 분리 기술을 적용해서 가려진 레이어를 추출하고, 색 재현 알고리즘을 통해 고흐 특유의 화풍과 색채 감각을 살려 자화상을 재현했다.

한편 미국의 MIT-IBM 왓슨 연구소(MIT-IBM Watson AI Lab)는 에곤 실레(Egon Schiele)의 미완성 드로잉을 디지털로 복원하는 프로젝트를 진행했다. 연구팀은 실레의 수백 개 작품을 학습한 회화 생성 알고리즘

을 통해 미완성된 선들을 보완하고, 실레 특유의 선묘와 구성 방식을 기반으로 완성도 높은 복원 결과를 도출했다. 이 복원 과정은 AI가 예술가의 양식을 학습하고 창의적으로 전개하는 가능성을 실험한 대표적 사례에 해당한다.

또한 AI는 고대 유적 복원 분야에서도 활약하고 있다. 이탈리아 국립로마박물관(Museo Nazionale Romano)과 구글 아트 앤드 컬처(Google Arts & Culture)는 폼페이(Pompeii) 유적지의 손상된 벽화를 대상으로 유사한 양식의 이미지를 데이터베이스화하고 유사도 기반 복원 알고리즘을 적용하여 누락된 형상을 예측 · 복원했다. 이러한 사례들은 AI 기술이 과거의 미학과 유산을 데이터 기반으로 복원하고, 이를 통해 미래 세대가 예술 작품을 새롭게 경험할 수 있게 한다는 점에서 중요한 의의를 지닌다.

전시에 투영된 AI

AI에 대한 작가의 관심 증가는 미술관 전시로 확장되고 있다. AI 기반 전시는 예술과 기술의 경계를 허물며 동시대의 미적 경험을 새롭게 조명해 주고 있다. 예를 들어, 〈AI: 인간보다 더(AI: More Than Human)〉(2019~

2021)는 AI의 역사와 진화를 예술적, 과학적, 철학적 시각에서 조망한 대규모 기획 전시이자 순회 전시다. 이 전시는 고대 자동 인형부터 현대의 생성형 AI에 이르기까지, 인간이 '생각하는 기계'를 상상하고 구현해 온 여정을 다양한 예술 작품, 인터랙티브 기술, 로봇과 알고리즘 기반 작품들을 통해 조명했다. 예술가, 엔지니어, 철학자들의 협업을 통해 탄생된 이 융복합 전시는 AI가 인간 창의성과 어떻게 결합될 수 있는지를 관람객 스스로 체험하도록 설계되었다.

샌프란시스코미술관(Fine Arts Museums of San Francisco)에서 열렸던 〈불쾌한 골짜기: AI 시대의 인간 존재(Uncanny Valley: Being Human in the Age of AI)〉(2020~2021)는 데이터와 AI 중심 환경에서 인간-기계에 대한 성찰을 다양한 형태의 미디어로 제시하며, 예술적 실천의 시각을 통해 AI의 특징과 방법론을 해석하고, '사고하는 기계'에 대한 새로운 담론을 현대 미술의 관점에서 성찰한 전시다.

레픽 아나돌(Refik Anadol)과 스튜디오의 협업으로 탄생한 뉴욕현대미술관(Museum of Modern Art, MoMA)의 〈비(非)지도학습(Unsupervised)〉(2022~2023)은 38만 장 이상의 소장품에 대한 고해상도 이미지 데이터 세

트를 통합 모델 학습-균일 다양성 보존 임베딩(UML-UMAP), 잔차 신경망(ResNet), 스타일 기반 생성적 적대 신경망 2-적응형 증강(StyleGAN2 ADA) 등의 알고리즘을 활용해서 비지도 학습을 시도한 결과물이다. '기계의 환각(Machine Hallucination)'이란 부제에서 알 수 있듯이, 이 전시의 경우 AI 가 인간의 두뇌처럼 상상할 수 있도록 대형 설치 작품에는 인간의 간섭을 배제하기 위해, 최소한의 매개 변수를 적용했다.

관람객들은 형형색색의 색상뿐만 아니라 날씨 등의 실시간 환경 데이터와 미술관 내 관람객들의 정보가 결합된 시각화가 표출하는 응집된 생명력의 형태에 몰입했다. 해당 전시는 AI 기반의 시각적 표현물이 현대 미술의 범주에 속한다는 미술관의 개념적 선언을 방증해 주었다.

독일 뒤셀도르프의 노르트라인베스트팔렌 포럼(Forum Nordrhein-Westfalen)에서 열린 〈비현실적인 시간들(UNREAL TIMES)〉(2023)의 경우, 가상성과 현실, 인간성과 기계성의 경계를 탐구하며, AI가 생성한 시뮬레이션 세계와 인간의 감각 사이의 충돌과 공존을 주제로 삼았다. 이 전시에는 AI 기반 이미지 생성, 딥페이크(Deepfake), 감정 인식 기술을 활용한 인터랙티브 설

치 작품들이 포함되었으며, 관람객은 인간 인식의 불완전성과 AI의 비판적 사용 가능성에 대해 성찰할 수 있었다.

국내에서도 AI에 대한 관심이 미술관 전시에 적극적으로 반영하고 있다. 국립현대미술관 서울관에서 개최된 〈히토 슈타이얼－데이터의 바다〉(2022.4.29.~2022.9.18) 전시는 디지털 문화가 만들어 낸 새로운 이미지와 시각성, 그리고 세계관에 대한 폭넓은 사유와 성찰의 기회를 제공했다. 이 전시는 디지털 기술, 빅데이터, 알고리즘 등 첨단 정보 기술과 더불어 정치, 사회, 자본주의에 대한 작가의 비판적 문제의식이 복합적으로 투영된 기획이었다.

전시는 총 5개의 조닝으로 구성되었으며, 1부 '데이터의 바다'에서는 〈태양의 공장(The Factory of the Sun)〉(2015), 〈이것이 미래다(This is the Future)〉(2019), 〈소셜심(SocialSim)〉(2020) 등을 통해 데이터 중심 사회에 대한 비판적 시각을 제시했다. 특히 국립현대미술관에서 최초 공개된 〈야성적 충동(Animal Spirits)〉(2022)은 AI가 야기할 수 있는 사회적 불안정성과 디지털 자본주의의 식민화 문제를 다룬 작품으로 주목받았다.

한편 울산시립미술관은 〈뒤틀린 데이터〉(2023.3.9.

~2023.8.15) 전시를 통해 데이터 입력 과정에서의 누락, 변이, 오류가 오히려 예측 불가능한 최적의 결과를 도출할 수 있다는 '디지털 사일런스(Digital Silence)'의 가능성을 탐색했다. 이 전시는 데이터의 순기능과 역기능, 완전성과 불완전성의 경계를 모호하게 만들며, 마치 뫼비우스의 띠처럼 뒤틀린 디지털 세계의 이면을 재해석하는 시도를 보여 주었다.

같은 전시에서 선보인 지하루+그라함 웨이크필드×채찬병의 협업작 〈얽힘(Entanglement)〉(2023)은 지하루와 그라함 웨이크필드(Graham Wakefield)의 '인공 자연' 시리즈의 최신작으로, 숲을 모티브로 삼아 보이는 세계와 보이지 않는 세계 사이의 연결을 탐구한다. 이 작품은 관람객을 다감각·다차원적 몰입 환경 속에 위치하며, 자연과 새로운 방식으로 소통하도록 유도한다. 장소 특정적 예술 창작물로서의 특성을 강화한 이 작품은 세 가지 핵심 요소로 구성되었다. 첫째, 절차적 모델링(Procedural Modeling)을 통해 나무의 성장 과정을 시뮬레이션하며 자연의 복잡성과 자생성을 시각화한다. 둘째, 생성형 AI 기술을 통해 나무와 숲의 이미지를 실시간으로 생성함으로써, 인공 생명이 자연을 감각적으로 재현할 수 있음을 보여 준다. 셋째, 동적 시스템은 나무뿌

리, 균, 박테리아, 뇌 신경망 간의 연결을 형상화해 생태계가 미시적 요소들로 구성된다는 원리를 표현한다.

〈얽힘〉의 시스템에는 연세대학교 채찬병 교수 연구팀이 개발한 어텐션 메커니즘(Attention Mechanism)이 적용되었다. 혼합 현실 기반의 인터랙티브 설치 작품 〈얽힘〉은 관람객이 단순한 외부 관찰자가 아닌 인공 생태계의 일부로서 상호작용하며, '창발성(emergence)'을 경험하도록 설계했다. 관람객의 움직임과 위치에 따라 실시간 반응하는 피드백 시스템을 통해, 인공 생태계의 연결성과 변화 가능성을 체감하며 생명성과 인공 생명의 본질에 대해 깊이 사유해 볼 기회를 제공했다.

오늘날의 관람객은 AI를 기반으로 한 예술 창작물로 구성된 전시를 통해 생태, 창작, 진화, 시스템 등 다양한 측면에서 오늘날 기술과 동시대 예술가의 의미를 사유하며, 우리가 놓치고 있는 문제와 집중해야 할 과제가 무엇인지 스스로에게 질문한다. 이러한 과정 속에서 관람객은 더 이상 수동적으로 예술 작품을 바라보는 존재가 아니라, 전시 환경 및 작품과 상호작용하고 자신의 관람 경험을 능동적으로 표출하는 행위자로 전환하고 있다.

관람객을 읽는 AI

AI는 관람객의 행동을 실시간으로 수집하고 정교하게 분석함으로써, 미술관의 운영 방식과 관람 경험의 패러다임을 혁신한다. AI 기반의 행동 분석 기술은 관람객이 디지털 혹은 물리적 공간에서 어떻게 이동하고, 어떤 콘텐츠에 주목하며, 얼마만큼 머무는지를 추적함으로써, 공간 내 경험의 흐름을 시공간적으로 시각화할 수 있다.

웹 기반 관람객 추적의 경우, 웹 로그와 브라우저 활동에 대한 분석을 통해 미술관은 사용자의 탐색 경로, 클릭 행동, 페이지 체류 시간 등을 수집할 수 있다. 이러한 데이터는 관람객의 경험을 맞춤화하고 관심사 기반의 콘텐츠를 제공하는 데 활용되며, 쿠키와 웹 비콘을 통해 예측 모델을 구축하여 익명화된 관람객의 행동 분석도 가능하다.

오프라인 환경에서도 유사한 방식으로 관람객의 이동 동선을 감지하고 해석하는 기술이 발전하고 있다. AI 기반의 관람객의 '시공간적 행동(Spatiotemporal Behaviour)' 추적 시스템은 특정 전시물에 대한 체류 시간, 관람 흐름, 정체 구간 등을 분석할 수 있다. 또한 '하이퍼로케이팅(Hyper-locating)' 기술을 통해 미술관은 관람객의 위성 위치 확인 시스템(Global Positioning

System, GPS) 기반 위치 정보를 수집하여 특정 관심 장소(Point of Interest, POI)에서의 행동을 실시간으로 파악할 수 있다.

특히 AI는 관람객의 밀집도를 예측하고 이를 기반으로 동선 유도나 공간 분산을 가능하게 하는 데 유용하게 활용된다. 예를 들면 컴퓨터 비전과 기계 학습 기반의 AI 설루션은 실시간 군중 흐름을 감지하고, 예측 모델을 통해 혼잡을 완화하거나 안전 조치를 사전에 취할 수 있도록 지원해 줄 수 있다.

행동 예측의 측면에서 AI는 기존 사용자 데이터를 학습하고 행동 유도를 위한 맞춤형 콘텐츠나 경로 추천을 제시할 수 있다. 이와 같은 기술은 단순한 관람 패턴의 수집을 넘어, 관람객의 의도나 관심도, 장기적인 행동 변화까지 예측하여 맞춤형 큐레이션과 피드백 제공이 가능하다는 점에서 특히 주목된다.

이러한 AI 기반의 관람객 데이터는 증강 현실(Augment Reality, AR)과 효과적으로 융합될 수 있다. 증강 현실 기반 인터페이스를 사용하는 사용자로부터 시선 추적, 표정, 위치 이동 등의 다중 감각 데이터를 수집하고, 이를 AI 알고리즘으로 분석함으로써 전시 만족도나 전시 몰입도 등의 전시 이용 태도를 측정할 수 있다.

결론적으로, AI는 관람객이 무엇을 보고 어떻게 느끼며 어떤 경로로 이동하는지를 포착하는 데 탁월한 기술적 수단을 제공한다. 하지만 향후 이러한 기술이 효과적으로 작동하기 위해서는 프라이버시 보호와 데이터 윤리에 대한 충분한 고려가 요구된다.

이 책의 구성

이 책은 AI 시대를 살아가는 우리에게 미술관이 어떤 방식으로 변화하고 있으며, 그 중심에 AI가 어떻게 자리 잡고 있는지를 열 개의 핵심 키워드를 통해 탐색한다. 단순히 기술의 진보를 따라가거나 미래를 예측하는 것을 넘어, 기술과 예술, 그리고 인간이 어떻게 공존할 수 있을지에 대한 성찰을 제시하는 것이 이 책의 목적이다.

기술은 미술관의 전통적 역할, 즉 수집, 기록, 보존, 복원, 연구, 전시, 교육 등 모든 기능의 깊은 층위에 개입한다. AI는 이제 작품을 해석하고 감상하는 도구를 넘어, 예술적 창작의 주체로까지 활동하며, 인간의 창의성과 알고리즘적 연산이 교차하는 새로운 미학적 지평을 펼치고 있다. 이 책은 바로 그 변화의 근원과 현상을 조명하고자 한다.

제1장 'AI가 스며든 미술관'은 AI 덕분에 달라진 미술

관의 풍경을 조망하기 위해, 미술관 각각의 기능을 지원해 주는 '지능형 에이전트'로서 AI의 역할을 다룬다. 예를 들어 AI 기반의 소장품 자동 등록, 예술 작품의 복원, 전시 기획, 관람객 연구, 관람객 맞춤형 경험 개발 등이 사례와 함께 제공된다.

제2장 'AI가 기록하는 미술관'에서는 예술과 기술의 융합을 통해 물리적 경계가 없는 벽 없는 '미술관의 미술관'을 온라인 아카이브로 구축한 구글 아트 앤드 컬처, 그리고 구글 아트 앤드 컬처 연구소의 창의적 실험 프로젝트의 대표 사례를 소개한다. 이를 통해 AI가 예술 감상 및 예술에 대한 접근성 증진에 대하여 어떠한 방식으로 기여하고 있는지에 대한 이해를 제공해 준다.

제3장 'AI가 예술에 부여한 새 생명'의 경우에는 예술 작품의 복원에 적용되는 생성적 적대 신경망(Generative Adversarial Network, GAN)과 합성곱 신경망(Convolutional Neural Network, CNN)에 대한 설명을 제공했다. 또한 대표적인 복원 사례로서, AI 기반 이미지 분석을 통해 재구성된 네덜란드 라이크스국립미술관의 〈야경(The Night Watch)〉(1642) 프로젝트를 소개했다.

제4장 '복원을 넘어 새로운 창조를 이끄는 AI'에서는

AI가 예술 작품을 어떻게 해석하고 재구성할 수 있는지에 주목한다. 대표적으로 '넥스트 렘브란트(The Next Rembrandt)' 프로젝트는 렘브란트의 화풍을 학습한 AI가 전혀 새로운 렘브란트풍 회화를 창작한 사례다. 이 장은 화가의 독창적인 화풍을 계량적으로 수치화하고, 이를 새로운 예술 창작물로 구현함으로써, AI 알고리즘이 창작의 개념을 어떻게 확장하는지를 보여 준다.

제5장 '예술 작품을 분석하는 AI'에서는 AI 기반 예술 작품 분석 사례를 중심으로, AI가 예술 작품의 양식 해석과 미학적 의미 분석에 어떻게 기여할 수 있는지를 탐색했다. 특히 이 장에는 아흐메드 엘가말(Ahmed Elgammal) 교수 연구팀이 진행했던 예술 작품의 창의성 계량화 연구뿐만 아니라 필자가 수행한 인상주의 회화의 조형적 특징을 계량적으로 분석한 연구, 딥러닝 기반의 한국 현대 미술 작품의 작가 식별 연구 등이 포함되어 미술사 연구의 새로운 흐름을 제시했다.

제6장 '미디어 아트에서 AI 예술 창작물로'의 경우, 창작 도구로서의 영향력이 비약적으로 발전하고 있는 AI가 생성한 예술 창작물을 조명했다. 대표적인 AI 예술 창작물 전시 사례로서, AI와 초대규모 데이터 기반 예술 창작의 선구적 사례로 주목받고 있는 레픽 아나돌의 몰입

형 전시 〈지구의 메아리: 살아 있는 기록 보관소(Echoes of the Earth: Living Archive)〉를 다루었다.

제7장 '전시를 통제하는 AI'에서는 실시간 데이터를 활용해서, 전시의 구조와 감각을 조율하며, 공간과 작품, 관람객 간의 관계를 유기적으로 연결하는 '살아 있는 전시 시스템'으로 진화하고 있는 AI의 역할을 조명했다. 특히 리움의 〈보이스(Voices)〉 전시 사례는 AI가 예술과 기술, 인간 경험 사이에 어떤 방식으로 접점을 만들고, 새로운 감각적 네트워크를 구축해 가는지를 선명하게 드러낸다.

제8장 'AI와 함께 큐레이팅하는 미술관'에서는 창의적 협력자로서 AI가 미술관 큐레이팅 기능을 어떠한 방식으로 조력할 수 있는지를 설명하기 위해, 〈큐레이터처럼 행동하라: 인공지능이 생성한 전시(Act as if you are a curator: an AI-generated exhibition)〉, 〈쿤스트(리_퍼블릭)[KUNST(re_public)]〉 등 실제로 AI를 기반으로 이루어진 전시 기획 사례를 다루었다. 이러한 사례들은 AI가 단순한 보조 도구를 넘어 전시의 공동 기획자 역할을 수행할 수 있음을 보여 주며, 미래의 큐레이션 방식에 대한 새로운 가능성을 제시한다.

제9장 '관람객의 데이터를 읽어 주는 AI'에서 AI는 미

술관 내 관람객의 행동을 다양한 장치를 통해 수집하고, 이를 바탕으로 동선 분석, 체류 시간, 선호 공간 등을 실시간으로 파악할 수 있다. 이러한 정보는 전시 기획이나 동선 설계, 작품 배치에 반영되어 사용자 중심의 큐레이션 전략을 수립하는 데 활용될 수 있다. 이 장에서는 영국의 국립박물관과 국립미술관의 AI와 데이터 기반의 관람객 연구 사례를 통해 관람객 연구의 고도화 현황에 대한 이해를 제공한다.

마지막 제10장 'AI 도슨트'는 관람객과 상호작용하고 예술 경험을 새롭게 구성하는 디지털 존재로 진화하고 있는 AI 기반의 로봇 도슨트를 다룬다. AI는 이제 관람객의 움직임과 취향을 읽고 미술관 운영의 핵심 데이터로 전환하고 있다. 이 장의 사례에는 헤이스팅스현대미술관(Hastings Contemporary)의 더블(Double) 로봇, 케브랑리박물관(Musee du Quai Branly)의 예술 감상 능력을 가진 '베렌슨(Berenson)' 로봇, 스미스소니언연구소(Smithsonian Institution)의 감정 인식이 가능한 인터랙티브 로봇 페퍼(Pepper)가 포함되었다.

각각의 장은 AI 기술에 익숙하지 않은 독자도 쉽게 이해할 수 있도록 기술 개념은 최대한 줄이고, 실제 사례와 미술관학적 맥락을 중심으로 구성했다. 이에 이 책은 기

술의 발전보다는 오히려 향후 미술관의 미래가 실제 미술관 전문 인력이나 관람객을 중심으로 어떠한 방향으로 발전되는가에 대한 감각과 시각을 획득할 수 있는 기회를 제공하기 바란다.

01
AI가 스며든 미술관

박물관과 미술관의 풍경이 AI 덕분에 빠르게 달라지고 있다. 예술 작품을 분류하고 복원하며, 전시를 기획하고, 관람객의 취향을 분석해 맞춤형 콘텐츠를 제안하는 일까지 AI가 척척 해낸다. 큐레이터의 손길이 닿지 않던 영역까지 AI가 관여하며, 예술의 생성과 소비 방식에도 새로운 전환이 일어나고 있다. 미술관 현장에 스며든 AI의 다양한 역할과 실제 적용 사례들을 살펴본다.

AI와 1인 창업?

미술관과 지능형 에이전트

국제박물관협의회(International Council of Museums, 2022)는 박물관과 미술관(이하 미술관)을 유·무형 유산을 연구, 수집, 보존, 해석, 전시함으로써 사회에 봉사하는 비영리적이고 영구적인 기관으로 정의하고 있다(ICOM Korea, 2022). 오늘날 AI는 상술한 미술관 본연의 기능뿐만 아니라, 경영, 마케팅, 관람객 서비스 등 박물관 운영 전반에 점진적으로 스며들며 그 역할의 범위를 확장하고 있다.

이러한 맥락에서 AI는 단순한 기술적 도구를 넘어, 박물관 기능의 효율성과 효과성 증진을 지원해 주는 '지능형 에이전트(Intelligent Agent)'로서 작동하고 있다. 이에 따라 AI가 박물관 현장에서 구체적으로 어떻게 기능하고 있는지를 살펴볼 필요가 있다. 이 장은 기능적 측면에서 AI가 어떻게 활용되며, 어떠한 역할을 수행하고 있는지에 집중하고자 한다.

현대 미술 작품과 소장품 등록

현대 미술의 경우, 혼합 매체로 제작된 작품이 상당히 많아 소장품의 분류와 해석이 더욱 복잡해진다. 예를 들어 백남준의 〈TV 부처〉(1974)는 폐쇄 회로 TV, 불상 조각,

비디오 설치가 결합된 혼합 매체 작품이며, 〈다다익선〉(1988)은 CRT TV 1003대와 철 구조물, 조형적 설치 요소로 구성되었다.

이러한 혼합 매체적 표현은 백남준에 국한되지 않으며, 현대 미술 전반에서 광범위하게 나타난다. 로버트 라우션버그(Robert Rauschenberg)는 회화, 사진, 오브제 등을 결합한 '콤바인 페인팅(Combine Painting)'을 통해 평면과 입체, 미술과 일상 간의 경계를 허물었으며, 요제프 보이스(Joseph Beuys)는 펠트, 지방, 금속, 텍스트 등의 비정형 재료를 개념 미술과 결합하여 강한 사회적 메시지를 전달했다.

빌 비올라(Bill Viola)는 비디오, 사운드, 설치를 복합적으로 구성한 몰입형 작품을 제작하며, 감각적 경험과 심리적 서사를 동시에 탐구해 왔다. 또한 올라푸르 엘리아손(Olafur Eliasson)은 빛, 물, 공기, 거울, 기후 등 다양한 자연 및 기술적 요소를 혼합하여 관람객의 감각을 확장하는 공간 기반 설치 작업으로 주목받는다.

마우리치오 카텔란(Maurizio Cattelan)은 실물 오브제, 인체 모형, 텍스트, 전시 공간 전체를 매체로 활용하는 설치 작업을 통해 현대 미술 제도에 대한 풍자적이며 날카로운 비판을 시도한다. 특히 그의 작업은 물리적 재

료의 결합을 넘어서, 개념 · 상징 · 사건을 하나의 조형 언어로 엮는 혼합 매체의 확장된 형태라 할 수 있다. 이처럼 다양한 재료와 기술의 융합은 현대 미술에서 하나의 중심적 표현 방식으로 자리 잡고 있으며, AI 기반 소장품 분석과 해석에서도 이러한 복합적 속성을 인식하는 시스템적 접근이 요구된다.

AI 기반 소장품 자동 등록

AI와 컴퓨터 비전 기반 소프트웨어는 이미지 인식 기술을 통해 소장품의 자동 분류(Automatic Classification) 및 태깅(Tagging)을 지원하며, 이는 소장품 등록과 분류 작업의 일관성과 효율성을 유지하는 데 핵심 역할을 수행한다. 러시아의 상트페테르부르크에 위치한 국립에르미타주미술관(State Hermitage Museum)의 경우, 방대한 소장품 아카이브의 디지털화와 정제 작업을 위해 AI 기술을 도입했다. 특히 이 미술관은 소장품의 메타데이터 자동 생성, 분류 체계 정비, 이미지 기반 검색 시스템 구축 등에서 컴퓨터 비전과 머신러닝(Machine Learning, ML) 기반 알고리즘을 적용했다. 예를 들어 회화 작품의 경우 스타일, 색채, 인물 구성 등 시각적 요소를 학습한 딥러닝 모델을 통해 자동 태깅이 가능해졌고, 조각과 공예품에 대

해서도 형태 기반 분류가 수행되었다. 광학 문자 인식(Optical Character Recognition, OCR) 기술과 병행하여 문헌 이미지의 텍스트 인식이 병행되며, AI는 데이터 중복 제거와 오류 검출에도 활용되고 있다.

이러한 디지털화는 관람객의 온라인 검색 경험을 향상할 뿐만 아니라, 연구자와 큐레이터가 보다 체계적인 소장품 분석과 전시 기획을 할 수 있도록 지원해 준다. 상술한 국립에르미타주미술관의 사례는 미술관이 단순히 보존이나 전시의 공간을 넘어, 지식 생산의 디지털 거점으로 변화하고 있음을 보여 주는 사례로 주목된다. 이러한 관점에서 보면, AI 기반 분류 시스템은 큐레이터의 해석 작업을 보완하면서도, 기존 분류 체계의 한계를 유연하게 확장하는 도구로 기능한다고 볼 수 있다.

AI 기반 예술 작품의 복원

AI는 예술 작품의 보수·복원 분야에서도 괄목할 만한 역량과 성과를 보여 주고 있다. 네덜란드 암스테르담에 위치한 국립미술관(Rijksmuseum)은 렘브란트 하르먼스 판레인(Rembrandt Harmensz van Rijn)의 〈야경(The Night Watch)〉(1642) 유실 부분을 2021년 AI 기술을 활용해 복원했다. 이 작품은 1715년 암스테르담 시청으로

옮겨지는 과정에서 전시 공간에 맞추기 위해 네 가장자리가 잘려 나가면서 작품이 훼손되었다(Benzine, 2022).

복원 과정에서 연구진은 17세기 화가 헤릿 뤈던스(Gerrit Lundens)가 남긴 〈야경〉 복제본을 기반으로 렘브란트의 화풍, 색채, 붓 터치 등을 학습한 딥러닝(Deep Learning) 알고리즘을 훈련했으며, 손실된 부분을 AI가 생성한 이미지로 재구성한 뒤, 이를 실제 캔버스에 출력해 원작 양옆에 병치했다(Rijksmuseum, 2021).

관람객은 이 복원 과정을 통해 작가의 원래 구성을 거의 완전하게 체험할 수 있게 되었으며, 이 프로젝트는 AI가 예술사적 맥락을 반영하여 회화 복원에 실질적으로 기여한 대표적 사례로 평가받는다. 또한 이 사례는 AI가 예술사적 맥락을 반영한 복원 도구로 활용될 수 있음을 보여 주며, 미술관이 기술과 예술의 융합 플랫폼으로 진화하고 있다는 사실을 시사한다.

AI 기반 전시 기획

영국 런던의 빅토리아 앤 앨버트박물관(Victoria and Albert Museum, V&A)은 2019년 개최된 〈AI: 인간보다 더〉를 통해, 예술과 기술이 협업하는 큐레이션의 새로운 모델을 제시했다. 이 전시는 AI 자체를 주제로 한 전시였

지만, 그 기획과 실행 과정에서 실제로 AI 기술이 큐레이터의 파트너 역할을 수행했다는 점에서 주목할 만하다(최보경, 2023).

특히 큐레이터들은 작품 구성뿐만 아니라 전시 동선, 조명, 인터페이스 구성 과정에서 관람객 반응 데이터를 분석하고, AI 추천 시스템을 통해 전시 경험을 조정해 나갔다. 일부 전시 콘텐츠는 AI가 생성한 이미지나 텍스트로 구성되었으며, ML 알고리즘을 기반으로 한 예술가들과의 협업도 이루어졌다. 전시는 예술, 과학, 윤리, 종교 등 다양한 맥락에서 AI의 역할을 조망하는 다층적 구조를 가졌으며, 관람객은 전시 내 인터랙티브 시스템을 통해 AI와 직접적으로 상호작용할 수 있었다.

V&A의 사례는 AI가 단지 정보 제공 수단을 넘어서, 큐레이션의 공동 창작 주체로 작동할 수 있음을 실증한 첫 박물관 프로젝트 중 하나로 평가된다. 이는 향후 AI와 예술, 큐레이션의 관계를 재정의할 새로운 기준점을 제시한 사례라 할 수 있다. 상술한 사례처럼 AI는 전시 기획의 초기 단계에서부터 실시간 운영, 사후 평가에 이르기까지 전시 전 과정에 데이터를 기반으로 한 전략적 의사 결정을 가능하게 하는 도구로 기능하고 있다.

AI 기반 관람객 연구

AI 기술의 활용은 관람객 연구뿐만 아니라 미술관 운영 전략의 핵심 도구로 확장되고 있다. 예를 들어, 뉴욕현대미술관과 시카고미술원(Art Institute of Chicago)은 AI 기반의 관람객 행동 분석 시스템을 도입하여, 개별 관람객의 체류 시간, 이동 경로, 특정 전시물 앞에서의 관람 집중도, 체류 시간, 체류 양상 등을 시각화하고 정량화했다(이보아, 2020). 이를 통해 관람 흐름의 병목 현상이나 관람 동선의 비효율성을 식별하고, 공간 재배치, 작품 배치 순서 조정, 몰입형 콘텐츠 집중 배치 등의 큐레이션 전략이 실제로 개선되었다.

또한 AI는 온라인 설문 조사, SNS 게시물, 해시태그 기반 이미지, 댓글, 위치 데이터 등을 수집하고, ML 기반 자연어 처리(Natural Language Processing, NLP) 및 감성 분석을 통해 관람객의 감정 반응과 주제 선호도를 파악한다. 이를 통해 관람객이 어떤 주제나 작품 유형에 더 긍정적으로 반응하는지, 어떤 관람 경험을 타인과 공유하는지를 예측할 수 있으며, 향후 전시 주제 선정, 마케팅 전략 수립, 타깃 관람층 분석 등 미래 수요 예측에 활용하고 있다.

예컨대, 필자는 2021~2022년 동안 루브르박물관, 퐁

피두센터, 메트로폴리탄미술관, 뉴욕현대미술관, 영국 국립박물관, 테이트모던, 국립중앙박물관, 국립현대미술관 등의 인스타그램 해시태그(예: #louvremuseum, #moma, #mmca)를 기반으로 이미지 게시물을 수집했다. 이후 구글 비전 API(Google Vision API)와 단어 임베딩 알고리즘(Word2Vec)을 활용해 의미상 유사한 이미지를 군집화하고, 이를 통해 관람 경험의 특징을 유형화했다(Rhee et al., 2021; Rhee et al., 2022).

인스타그램 이미지 분석 결과는 오늘날 미술관 경험이 단순한 예술 감상에 머물지 않고, 사회적이고 공간적인 경험으로 확장되고 있음을 보여 준다. 관람객들은 작품의 세부 사항보다는 작품이 전시된 공간과 맥락을 함께 담아 촬영하는 경향을 보였는데, 이는 미술관을 단순한 콘텐츠 소비 장소가 아닌 감각적 장소로 인식하고 있음을 시사한다.

특히 인스타그램에 공유된 사진들은 작품과 유물, 건축적 공간에 초점을 두고 있으며, 셀피보다 객체 중심의 이미지가 주를 이루었다. 이는 관람객이 '의미 생성'보다는 자신이 그 공간에 있었음을 드러내는 '사회적 존재감'과 '장소성'을 더 중요하게 여긴다는 사실을 나타낸다. 이러한 방식은 감상의 기억이 몸으로 체험된 감각과 결

합되어 저장된다는 점에서, 디지털 기록이 곧 감각적 기억의 확장이라는 해석도 가능케 한다.

또한 인스타그램의 이미지와 위치 정보는 관람객들이 어떤 작품 앞에서 오래 머무르고 어떤 콘텐츠에 관심을 보이는지를 파악하는 유용한 자료로 기능할 수 있어, 향후 전시 기획이나 해석 매체 설계에 데이터 기반의 정밀한 전략을 수립하는 데 기여할 수 있다.

AI 기반 관람객 맞춤형 경험 개발

미술관 관점에서 복원과 함께 가장 주목할 만한 AI의 역할은 관람객 맞춤형 경험 개발이다. 브라질 리우데자네이루에 위치한 내일의 박물관(Museum of Tomorrow)의 경우, AI 시스템 '아이리스 플러스(IRIS+)'를 도입하여, 관람객과 실시간으로 대화를 나누고, 기후 변화, 기술 발전, 사회 불평등과 같은 글로벌 현안에 대한 관람객 개인의 입장을 탐색하도록 유도한다.

이 시스템은 단순 정보 제공을 넘어, 관람객이 자신의 생각을 반영하며 전시 서사를 따라가도록 설계된 대화형 인터페이스형 AI로, 관람에 대한 몰입감과 참여도를 동시에 높이는 데 중점을 둔다. 또한 세계 여러 미술관에서는 AI 기반 챗봇, 개인화 추천 엔진, 행동 예측 알고리

즘 등을 활용하여 관람객 데이터를 수집·분석한다.

미국 스미스소니언연구소 산하의 박물관들은 관람객의 방문 이력, 클릭 기록, 검색어 등을 분석해서 흥미를 가질 만한 전시나 작가를 사용자에게 추천하는 모바일 기반 플랫폼을 운영하고 있다. 이러한 서비스는 관람 전·중·후의 경험을 유기적으로 연결함으로써 '연속 매개형 관람 모형(Seamless Visit)'을 구현한다.

영국의 테이트모던미술관의 경우, 전시실에서 수집된 위치 정보와 체류 시간 데이터를 기반으로, 관람객이 가장 선호하는 작품의 스타일이나 주제에 따라 동선을 제안하는 기능을 실험 중이다. 이와 같은 AI 기술의 도입은 관람객에게 더욱 개인화된 경로, 정보, 콘텐츠 해석을 제공함으로써, 단순한 정보 소비를 넘어 '관람객 주도형 전시 경험(Visitor-led Experience)'을 실현하고 있다. 더불어 이는 박물관과 미술관이 다양한 관람객의 특성과 기대를 반영하는 '적응형 공간(Adaptive Space)'으로 기능하게 함으로써, 뮤지엄 3.0의 핵심에 해당하는 참여적 특성이 강화된 문화 예술 기관으로 진화하고 있음을 보여 준다.

참고문헌

이보아(2020). 《아트 테크 4.0》. 북코리아.

최보경(2023). 전시콘텐츠에서 AI의 매체적 특성. 《글로벌문화콘텐츠》, 56, 123~139쪽.

Benzine, V.(2022.8.25). Researchers restoring Rembrandt's 'Night Watch' found the artist used a secret ingredient that most people just eat for breakfast: But the mystery remains why the artist used the organic material in his impasto paint. *Artnet news.* https://news.artnet.com/art-world/rembrandt-night-watch-egg-yolk-2165081

ICOM(2022.8.24). ICOM approves a new museum definition, International Council of Museums. https://icom.museum/en/news/icom-approves-a-new-museum-definition/

Morena,D.(2028.6.12).IRIS+ Part One: Designing + coding a museum AI. Center for the future of museums, https://www.aam-us.org/2018/06/12/iris-part-one-designing-coding-a-museum-ai/

Rhee, B. A., et al.(2021). Analyzing the museum experience through the lens of Instagram posts. *Curator: The museum journal, 64*(3), pp.529~547.

Rhee, B. A., et al.(2022). Visual content analysis of visitors' engagement with an instagrammable exhibition. *Museum management and curatorship, 37*(6), pp.583~597.

Rijksmuseum(2021.6.23). For the first time in 300 years the Night Watch is complete again: Rijksmuseum reconstructs the missing pieces.

https://www.rijksmuseum.nl/en/press/press-releases/for-the-first-time-in-300-years-the-night-watch-is-complete-again

Rosemary, F. T.(2024). Leveraging artificial intelligence and data analytics for enhancing museum experiences: Exploring historical narratives, visitor engagement, and digital transformation in the age of innovation. *International research journal of modern engineering and technology science, 6*(1), pp.4221~4236.

02
AI가 기록하는 미술관

예술은 더 이상 벽에 걸린 그림만이 아니다. '미술관의 미술관'을 온라인에 구현한 구글 아트 앤드 컬처는 전통적인 감상을 넘어, 참여와 상호작용 중심의 예술 경험으로 확장했다. 이 장에서는 예술과 기술의 경계를 허문 이 플랫폼의 혁신적 기능, 그리고 구글 아트 앤드 컬처 연구소에서 이루어진 창의적 실험 프로젝트들을 함께 살펴본다.

AI와 MBTI?

구글의 예술 철학으로부터 탄생된 구글 아트 앤드 컬처

구글 아트 앤드 컬처는 원래 '구글 아트 프로젝트(Google Art Project)'라는 이름으로 2011년에 출범한 글로벌 온라인 아트 플랫폼이다. 이 프로젝트는 "예술은 모두의 것이며, 누구나 어디서든 감상할 수 있어야 한다"는 구글의 철학에 뿌리를 두고 탄생했다. 초기 목표는 세계 유수의 박물관과 미술관 소장품을 고해상도 이미지로 디지털화하여, 모든 사람에게 온라인에서 작품을 감상할 수 있는 기회를 제공하는 데 있었다.

구글 아트 앤드 컬처의 기술

구글은 이 프로젝트를 통해 단순한 디지털 전시가 아니라, 예술과 기술의 경계를 허무는 새로운 감상 환경을 제시하고자 했다. 스트리트 뷰 기술을 활용해 실제 미술관 내부를 탐색할 수 있게 했으며, 기가픽셀(Gigapixel) 카메라를 통해 제작된 고해상도 이미지를 통해 붓 터치와 질감까지 확대해 감상할 수 있도록 했다. 여기에 메타데이터 기반의 작품 해설, 작가 연대기, 시대별 · 주제별 큐레이션 기능을 결합함으로써 예술 감상과 교육, 탐색이 통합된 문화 플랫폼으로 발전했다.

현재 구글 아트 앤드 컬처는 전 세계 80개국 이상, 2000개 이상의 기관과 협업하고 있으며, 단지 작품을 '보여 주는' 차원을 넘어, 기록 및 분류, 더 나아가 연결하는 디지털 문화 아카이빙 허브로서의 역할을 수행하고 있다. 그 결과 원거리 지역의 사용자나 박물관이나 미술관에 대한 접근성이 낮은 사람들도 클릭 한 번으로 루브르박물관, 바티칸박물관, 메트로폴리탄미술관, 뉴욕현대미술관, 국립중앙박물관, 국립현대미술관 등 세계 유수의 전시 공간과 예술 작품을 감상할 수 있게 되었다.

이 플랫폼은 단순한 예술 이미지의 아카이빙을 넘어, 예술가, 매체, 역사, 국가 통계 등 방대한 메타데이터 체계를 기반으로 예술 콘텐츠를 분류하고 검색할 수 있게 구성되어 있다. 2018년 기준으로 총 6272명의 예술가, 228개의 매체 유형, 121개의 예술 사조, 3226개의 뮤지엄 뷰, 3만9607개의 영상 콘텐츠, 5528개의 스토리, 954개의 시대별 분류 자료를 제공한다(Wani et al., 2019).

전통적인 미술관의 정적 감상 방식에서 벗어나, 사용자가 예술 작품을 직접 큐레이션하고 스스로의 감상 경험을 구성할 수 있도록 돕는 참여형 인터페이스도 갖추고 있다. 사용자는 자신만의 갤러리를 만들고, 원하는 작품을 저장하거나 연결해서 맞춤형 전시를 구성할 수

있다(Lee et al., 2019).

이 플랫폼은 특히 팬데믹 시기 이후 비대면 예술 감상의 대안으로 부상했으며, 전 세계 교육 기관에서도 널리 활용하고 있다고 강조된다(Verde & Valero, 2021). 반면 구글 아트 앤드 컬처는 '모두를 위한 박물관'을 지향하면서도 실제로는 유럽과 미국 중심의 기관과 작가들이 대다수를 차지한다는 점에서 서구 중심성과 알고리즘 편향의 문제가 지적된다(Zhang, 2020).

'벽 없는 박물관'의 현실화

프랑스 문화부 장관이자 작가였던 앙드레 말로(Andre Malraux)는 《상상의 박물관(Musée Imaginaire)》(1947)에서 '벽 없는 박물관(Museum Without Walls)'이라는 개념을 제안한 바 있다. 그는 사진과 인쇄 기술의 발전이 예술 작품을 물리적 장소의 제약 없이 접근하게 했다는 점을 강조하며, 시대와 문명을 초월한 예술 감상 경험을 상상했다. 구글 아트 앤드 컬처는 그의 이상을 현실화한 대표적인 플랫폼이라 할 수 있다.

궁극적으로 구글 아트 앤드 컬처는 고해상도 이미지, 메타데이터 기반 검색, AI 큐레이션, 인터랙티브 학습 도구 등을 통해 디지털 예술 감상의 새로운 가능성을 제시

하고 있다. 동시에 이러한 온라인 감상이 과연 실재적 미술관 경험을 얼마나 대체하거나 보완할 수 있을지를 둘러싼 논의는 계속되고 있다.

구글 아트 앤드 컬처 연구소의 창의성 실험

파리에 위치한 '구글 아트 앤드 컬처 연구소'는 예술가와 소프트웨어 공학자가 협업하는 창의적 실험의 허브로서, 예술에 대한 새로운 접근 방식을 제안하고 있는 대표적 연구 거점이다. 이곳에서는 AI와 머신러닝(Machine Learning, ML) 인터랙션 디자인 등의 기술이 예술적 상상력과 결합하여, 예술 감상의 방식과 의미를 새롭게 재구성하는 다양한 프로젝트가 추진되고 있다.

특히 이 연구소가 지속적으로 선보이는 '실험(Experiments)' 시리즈는 테크놀로지와 예술이 만나는 경계에서 창의성과 혁신의 가능성을 탐색하는 실험적 시도들로 구성된다. 이들 실험은 예술에 대한 이해를 심화하고, 디지털 시대의 감상 경험을 확장하고자 하는 구글의 문화적 성찰을 반영한다.

초기 실험 사례로는 '엑스 디그리 오브 세퍼레이션(X Degrees of Separation)', '프리 폴(Free Fall)', '큐레이터 테이블(Curator Table)', '티-에스엔이 맵(t-SNE Map)',

'태그(Tags)' 등이 있으며, 이들은 공통적으로 ML을 기반으로 한 예술 관련 메타데이터 분석을 통해 새로운 형태의 시각적 정보와 관계망을 생성하는 데 목적이 있다.

티-에스엔이 맵

'티-에스엔이 맵(t-SNE Map)'은 ML을 활용하여 예술 작품 간의 시각적 유사성을 분석하고, 이를 이미지 프로세싱 알고리즘을 통해 시각화한 인터랙티브한 데이터 지도다. 프로젝트의 부제는 'ML을 사용해서 매핑된 작품(Artworks mapped using Machine Learning)'으로, 기술과 예술의 융합적 접근을 명확히 드러낸다. 시릴 디아뉴(Cyril Diagne), 니콜라스 바라도(Nicolas Varradeau), 사이먼 다우어리(Simon Doury)가 참여한 이 프로젝트는 예술 작품을 새로운 방식으로 분류하고 감상할 수 있도록 설계된 데이터 시각화 실험에 해당한다.

이 프로젝트는 티-에스엔이(t-Distributed Stochastic Neighbor Embedding, t-SNE) 알고리즘을 비롯해, 오픈지엘 셰이딩 언어(OpenGL Shading Language, GLSL), 텐서플로(TensorFlow), 자바스크립트(JavaScript), 웹지엘(WebGL), 스리닷제이에스(Three.js) 등의 기술이 병용되었다. 티-에스엔이 알고리즘은 고차원 데이터에 내

재된 이웃 간의 거리와 관계를 최대한 보존하면서 저차원 공간으로 시각화하는 데 특화된 방식으로, 데이터 간의 패턴과 유사성을 시각적으로 이해할 수 있도록 돕는다.

티-에스엔이 맵은 수 세기에 걸쳐 수집된 방대한 예술 작품을 3차원 시각화 공간에 배치함으로써, 사용자가 마치 하나의 예술 지형을 탐험하듯 작품을 감상할 수 있도록 설계되었다. 이 지도에서 작품들은 무작위로 나열된 것이 아니라, 시각적으로 유사한 속성을 지닌 작품들이 서로 인접한 위치에 배치되며, 이를 통해 관람객은 작품 간의 숨은 관계를 직관적으로 파악할 수 있다. 각 작품은 섬네일 이미지로 제공되며, 사용자는 이미지를 확대하거나 작품 정보를 확인할 수 있다. 또한 사용자 움직임에 반응하는 동적인 상호작용 경험도 함께 제공된다.

이 프로젝트는 예술 감상의 방식이 데이터와 알고리즘을 통해 어떻게 확장될 수 있는지를 보여 주는 대표적 사례로, 기술이 단순히 보조 수단을 넘어서 예술 탐색의 새로운 지평을 열 수 있음을 시사한다.

엑스 디그리 오브 세퍼레이션

'엑스 디그리 오브 세퍼레이션(X Degrees of Separation)'

은 데이터와 알고리즘을 기반으로 예술 작업을 전개하는 마리오 클링게만(Mario Klingemann)과 사이먼 다우어리가 공동으로 진행한 실험적 프로젝트다. '문화를 통한 숨겨진 경로(The Hidden Paths Through Culture)'라는 부제를 가지고 있는 이 프로젝트는 구글 아트 앤드 컬처 연구소의 후원을 받았으며, 사회 심리학자 스탠리 밀그램(Stanley Milgram)의 유명한 '좁은 세상 실험(Small World Experiment)'과 '6단계 분리 이론(6 Degrees of Separation)'으로부터 영감을 받았다.

이 프로젝트는 컴퓨터 비전 알고리즘과 딥러닝 기술, 데이터 시각화 기법을 활용하여, 예술 작품 간의 시각적 유사성과 연결성을 시각적으로 보여 주는 상호작용의 특성이 강한 실험이다. 사용자들이 구글 실험 웹 사이트(Experiments with Google)에서 두 개의 예술 작품을 선택하여 화면에 끌어다 놓기만 하면, ML 알고리즘이 분석한 시각적 패턴과 유사도를 기반으로 두 작품 사이의 중간 경로를 형성하는 작품들이 자동 생성된다.

예를 들어, 빈센트 반고흐(Vincent van Gogh)의 〈자화상(Self-Portrait)〉(1887)과 클로드 모네(Claude Monet)의 〈수련(Water Lilies)〉(1916)을 선택할 경우, 시스템은 이들 사이의 시각적 · 형식적 연관성을 바탕으로

오딜롱 르동(Odilon Redon)의 〈도메시 남작 부인(Baronne de Domecy)〉(1900)과 〈비너스의 목욕(Le bain de Venus)〉(1908~1913), 리우 강(Liu Kang)의 〈발리에서의 풍경(Scene in Bali)〉(1953) 등을 중간 연결 고리로 제안한다.

이 프로젝트는 2017년 아르스 일렉트로니카 페스티벌(Ars Electronica Festival)에서 〈인공지능: 또 다른 나(AI: The Other I)〉라는 주제로 소개되며 큰 주목을 받았다. 예술 작품 사이의 숨은 연결을 ML을 통해 시각화함으로써, 예술 감상의 새로운 지평을 제시하고, AI가 문화 간의 연속성과 다양성을 탐색하는 도구로 작동할 수 있음을 보여 주는 흥미로운 사례로 평가된다.

더 뮤지엄 오브 더 월드

'더 뮤지엄 오브 더 월드(The Museum of the World)'는 구글 아트 앤드 컬처 연구소와 영국국립박물관(British Museum)의 협업을 통해 탄생된 디지털 소장품 시각화 실험이다. 이 프로젝트는 웹 기반의 그래픽 기술인 웹GL을 활용해, 인류의 역사 속 유산을 시간, 대륙, 문화권에 따라 인터랙티브하게 시각화한 웹 아카이브 형태로 제공된다.

사용자는 웹사이트에 접속해 시대별 타임라인과 대륙별 필터를 통해 유물들을 탐색할 수 있으며, 지도 위를 흐르는 것 같은 수많은 물방울 형태의 소장품 노드 중 하나를 선택하면 해당 유물의 섬네일, 명칭, 출토 국가 등 기본 정보가 표시된다. 또 한 번 클릭하면, 해당 유물의 역사적 맥락, 사용 목적, 제작 시기 등에 대한 큐레이터의 해설과 상세 설명을 읽을 수 있다. 이러한 다층적 탐색 인터페이스는 유물 간의 연결성과 문화 간 교류의 흐름을 직관적으로 이해할 수 있도록 도와준다.

이 프로젝트의 핵심은 국립박물관이 소장하고 있는 수천 년의 인류 유산을 단순한 리스트가 아닌, 시각적이고 서사적인 구조로 구성하여 사용자에게 '연결된 문화의 지도'를 제공한다는 데 있다. 특히 유물들을 연대기와 지리적 위치에 따라 매핑하는 방식은, 전 세계에서 동시다발적으로 일어난 사건과 문화적 발전 과정을 한눈에 조망할 수 있게 해 준다. 더불어 오디오 가이드를 포함한 큐레이터의 해설 콘텐츠는 박물관의 교육적 기능을 온라인 환경에서도 생생하게 확장하고 있다.

구글 실험 프로젝트의 의미

구글 아트 앤드 컬처 연구소의 실험(Experiments)들은

예술과 기술의 융합이 어떻게 감상의 방식 자체를 재정의할 수 있는지, 그리고 기술이 예술을 단순히 '보는 대상'이 아닌 '탐색하고 상호작용하는 과정'으로 전환하는 도구가 될 수 있음을 잘 보여 준다. 단순히 작품을 전시하는 데 그치지 않고, ML, 데이터 시각화, 인터랙티브 인터페이스를 통해 예술 작품 간의 관계를 '동적인 네트워크'로 구성함으로써, 감상자는 예술을 정적인 대상으로 보는 것이 아니라 탐색하고 조작하는 실천적 경험으로 인식하게 된다. 이러한 방식은 예술의 메타데이터와 시각적 속성을 기반으로 비선형적이고 연상적인 감상 여정을 가능하게 하며, 감상자마다 다른 서사를 구축하게 만든다.

예술 공학적 관점에서 볼 때, 이들 실험은 예술 감상을 기술적 상호작용과 창의적 조작의 복합 행위로 전환하며, 전통 미술관 경험의 경계를 허문다. 결과적으로, 예술은 감상자와 지속적으로 작용-반작용하는 인터페이스가 되고, 기술은 그 흐름을 유도하는 매개자이자 촉진자로 기능한다.

참고문헌

이보아(2018). 초연결성의 박물관(Hyper-connected Museum):

테크놀로지 기반의 해외 박물관 서비스 혁신 사례 고찰. 《박물관학보》, 35, 89~111쪽.

Beil, K.(2013). Seeing syntax: Google art project and the twenty-first century period eye. *Afterimage, 40*(4), pp.22~27.

Experiments of Google Arts and Culture. https://experiments.withgoogle.com/collection/arts-culture

Lee, J. W., et al.(2019). Digital museum and user experience: the case of Google Art & Culture. *International symposium on electronic art.* https://kar.kent.ac.uk/75700/1/jgkfkjf.pdf

Museum of the World. https://experiments.withgoogle.com/the-museum-of-the-world

Polacci, F.(2015). The Google Art Project: Democratisation for art or ideology of transparency?. *THEMA, La revue de musées de la civilisation, 2,* pp.73~84.

Proctor, N.(2011). The Google Art Project: A new generation of museums on the web?. *Curator: The museum journal, 54*(2), pp.215~221.

Rhee, B. & Choi, G.(2019). An analysis of user experiences of the Google art project. *JP Journal of heat and mass transfer, 2019(Special Issue 1),* pp.125~133.

Shaw, D. & Wagelie, J.(2016). Studying artworks and their digital copies: Valuing the artist's aura. *International journal of education through art, 12*(1), pp.57~69.

Verde, A. & Valero, J. M.(2021). Virtual museums and Google arts & culture: Alternatives to the face-to-face visit to experience art. *International journal of education and research, 9*(2), pp.43~54.

Vosinakis, S. & Tsakonas, Y.(2016). Visitor experience in Google Art Project and in Second Life-Based Virtual Museums: A comparative study. *Mediterranean archaeology and archaeometry, 16*(5), pp.19~27.

Wahyuningtyas, R.(2017). Eliminating boundaries in learning culture through technology: a review of Google Arts and Culture. *The 10th international conference*, pp.179~184.

Wani, S. A., et al.(2019). The digitally preserved old-aged art, culture and artists: An exploration of Google Arts and Culture. *PSU Research review, 3*(2), pp.111~122.

X Degrees of Separation by Mario Klingemann, https://artsexperiments.withgoogle.com/xdegrees/8gHu5Z5RF4BsNg/BgHD_Fxb-V_K3A

Zhang, A.(2020). The narration of art on Google Arts and Culture. *The Macksey journal, 1*(1), pp.1~18.

03
AI가 예술에 부여한 새 생명

AI는 예술 작품의 보존과 복원 영역에서 인간 전문가와 함께 협업하는 지능적 파트너로 자리매김하고 있다. 특히 손상된 명화를 복원하거나, 세월 속에 사라진 색을 되살리는 작업, 시대적 맥락을 고려한 정밀한 복원 과정까지 AI가 주도적으로 참여하고 있다. 이는 기술의 진보를 넘어 예술과 과학의 경계를 허무는 혁신으로 평가받는다. 세계 AI를 활용해 예술에 새로운 생명과 감동을 불어넣은 다양한 복원 사례들을 살펴본다.

AI와 난임 극복?

예술 작품의 전통적인 보존 및 복원 기술

예술 작품이나 문화재의 분석, 보존 및 복원 작업은 전통적으로 상당한 시간이 요구되는 매우 복잡하고 정교한 작업이며, 반드시 전문가에 의해 수행되어야 한다. 지난 수십 년간 문화유산의 보호와 보존에 대한 관심이 높아짐에 따라, 예술 작품이나 문화재의 상태 진단, 보수 및 복원이 연구에서 다루어졌다.

1950년대까지 목재 패널에 그려진 회화 작품은 크레이들링(Cradling) 기술을 통해 보존이 이루어졌다. 이 방법은 직사각형 또는 T자 형태의 단단한 나무판의 영구 그리드(Gird)를 작품 뒷면에 부착해서 작품 표면과 형태를 유지하고, 뒤틀린 패널이나 구조를 바로잡기 위해 사용되었다.

테크놀로지의 발전과 함께 고고학적 유물의 경우에는 제작 연도 입증을 위해 방사성 동위 원소를 사용하는 탄소연대측정법을 보편적으로 쓴다. 체계적인 과학 분석을 위해서는 회화 작품에서 추출된 안료 샘플에 대한 화학적 분석, 엑스레이 기술, 엑스레이 사진, 분광학적 스펙트럼 분석이나 초분광 이미징(Hyperspectral Imaging) 분석 수학적 알고리즘이나 시뮬레이션, 이미지 프로세싱, 고분해능 질량 분석기(High Resolution

Mass Spectrometer, HRMS) 등과 같은 현대적인 첨단 테크놀로지와 장비가 박물관 및 미술관, 보존 처리실이나 문화유산 관련 연구 기관에서 사용되고 있다(문솔미 · 이보아, 2024). 특히 데이터 획득 기술 가운데 비접촉 · 비파괴 방식은 유물을 훼손하지 않으며, 동시에 데이터 획득에 대한 효율성 및 효과성을 보장해 준다. 예컨대, 3D 스캐닝과 사진 측량의 경우 물리적 실측, 표면 형상 등에 대한 데이터를 추출하거나 엑스레이 전산화 단층 촬영(Computed Tomography, CT)을 통해 유물 상태에 대한 정밀 진단과 제작 기법, 내부 형상 등에 대한 데이터를 획득한다(문솔미 · 이보아, 2024).

AI는 예술 작품 복원 분야에서 점차 정교하고 창의적인 기술로 발전하고 있으며, 예술 작품 및 문화유산 보존을 위한 새로운 해법을 제시하고 있다. 고급 알고리즘을 기반으로 손상되거나 불완전한 예술 작품을 높은 정밀도로 분석하고 재구성하며 복원하는 AI 기술은 단순한 물리적 보존을 넘어 해당 작품이 지닌 역사적 · 문화적 맥락에 대한 이해를 심화하는 데 기여한다.

AI 기반의 예술 작품 복원은 다양한 기법과 방법론이 복합적으로 작동하는 다층적 과정을 통해 이루어진다는 점에서 주지할 만하다. 또한 AI를 활용한 예술 작품의 복

원은 단순한 이미지 재생을 넘어, 예술 작품의 색상, 질감, 조형적 맥락을 이해하고 복원하는 수준으로까지 진화하고 있다.

복원과 생성적 적대 신경망

AI 기술 기반의 복원 그 핵심에는 생성적 적대 신경망(GAN)과 합성곱 신경망(CNN)이라는 두 가지 주요 딥러닝 알고리즘이 있다. 상술한 두 가지 신경망은 각각 예술 작품의 재구성과 노이즈 제거에 탁월한 효과를 보이며, 복원 분야에서 다양한 방식으로 응용되고 있다.

GAN은 생성자(Generator)와 판별자(Discriminator)라는 두 개의 신경망이 서로 경쟁하며 학습하는 구조를 갖는다. 생성자는 손상된 이미지의 결손 부위를 예측해 생성하고, 판별자는 생성된 이미지가 진짜와 얼마나 유사한지를 판단함으로써 두 신경망이 반복적으로 개선된다. 이러한 구조는 특히 예술 작품의 누락된 부분을 해당 작가의 화풍과 질감을 학습하여 자연스럽게 복원하는 데 유용하다.

예를 들어, 쿠마 외(Kumar et al., 2024)는 공간적(Attention in Space) 그리고 채널적(Attention in Channels) 주의 메커니즘을 함께 적용, 이미지의 '어디'

와 '무엇'에 집중할지 동시에 학습하게 하는 듀얼 어텐션(Dual Attention)과 이미지의 채널 간 상호작용을 학습했다. 또한 정교한 특징 표현을 가능하게 하는 채널 트랜스포머(Channel Transformer)를 통합한 GAN 모델을 통해, 손상된 예술 이미지의 시각적 연속성을 보존하며, 특징을 정교하게 재현하는 알고리즘을 제안했다. 이 네트워크는 공간적 정보와 채널 간 특징을 함께 고려하여 다중 스케일(Multi-scale)에서의 복원에 대한 정확도를 높이며, 동시에 인코더-디코더 간 의미적 단절을 줄이는 데 효과적인 성과를 획득할 수 있다는 사실이 입증되었다(Kumar et al., 2024).

쉐 외(Xue et al., 2022)는 중국 고대 회화의 손상된 영역을 복원하기 위해 와서스타인 생성적 적대 신경망(Wasserstein Generative Adversarial Network, WGAN) 기반의 복원 모델을 제안했다. 이들은 〈청명상하도(Along the River During the Qingming Festival)〉, 〈백마도(One Hundred Horses)〉 등 대표적인 중국 고화를 포함한 6점의 작품을 대상으로 실험을 수행했다. 특히 이 연구는 비정형적인 손상 영역을 채우는 데 중점을 두었으며, GAN의 생성자가 선묘와 질감, 세부 묘사까지 동시에 재현할 수 있도록 설계되었다.

생성된 이미지는 손상 부위에 나타날 수 있는 색상 이상(Anomalous Colour Blocks)을 효과적으로 제거하였으며, WGAN의 안정적인 학습 구조 덕분에 복원 품질과 일관성에서도 우수한 성능을 보였다(Xue et al, 2022). 또한 복원 결과는 피크 신호 대 잡음비(Peak Signal-to-Noise Ratio, PSNR), 구조 유사도 지수(Structural Similarity Index Measure, SSIM) 등 정량 지표를 통해 검증되었고, 시각 평가에서도 원본 회화와 높은 유사도를 보임으로써 예술 감수성을 유지한 복원 결과를 입증했다. 상기 연구는 AI 기반 복원 기술이 예술적 양식을 유지하면서도 효율적인 디지털 복원을 실현할 수 있음을 보여 주는 사례로 평가된다.

복원과 합성곱 신경망

합성곱 신경망(CNN)은 이미지 내의 특징을 자동으로 추출하고 인식하는 데 특화된 구조로, 복원 대상 작품의 선명도, 경계, 텍스처 등을 세밀하게 분석하고 보정하는 데 사용된다. 특히 이미지의 다양한 왜곡 양상(예시: 색 번짐, 블러, 픽셀 손실 등)을 고려하여, 다중 스케일에서 노이즈 패턴을 학습해 제거하는 CNN 기반 모델에 해당하는 분산 노이즈 제거(Distributed Denoising CNN,

DDCNN)는 다양한 유형의 왜곡과 품질 저하에 대응하면서도 원본 이미지의 특징을 손상 없이 복원할 수 있다. 이러한 특성으로 인해 DDCNN은 회화뿐만 아니라 고화질 사진 복원에도 널리 활용된다.

상카르 외(Sankar et al., 2023)는 이 구조를 기반으로 이미지의 노이즈를 효과적으로 제거하는 동시에 질감과 색상 정보를 유지하여 고전 회화 복원에 유용한 가능성을 제시했다. 복잡한 특징을 보존하면서도 균열, 얼룩, 색 바램 등의 물리적 손상을 정밀하게 제거할 수 있다는 측면에서 이 연구에서 제안된 알고리즘은 높은 평가를 받는다.

굽타 외(Gupta et al., 2019)의 경우, 마스크 R-CNN (Mask Regional Convolutional Neutral Network, Mask R-CNN)을 활용해 손상된 영역을 자동 마스킹하고, U-Net 아키텍처 기반의 부분 합성 기법(Partial Convolution)을 사용하여 이미지를 복원하는 하이브리드 모델을 제안했다. 이 방법은 기존의 중앙 정형 영역 위주의 복원 방식에서 벗어나, 불규칙한 손상 영역까지 효과적으로 복원할 수 있다는 가능성을 입증했다.

샤히 외(Shahi et al., 2025)는 예술 작품의 복원 자동화를 위한 딥러닝 기반 이미지 분석 시스템을 구축했다. 이들은 CNN을 활용하여 손상된 영역의 경계를 탐지하고, 텍스처 생성 알고리즘을 결합해 자연스럽고 정교한 복원이 가능하도록 했다. 페르시아 미니어처 회화를 대상으로 실험했던 이 연구는 전통 문양과 세부 표현이 AI 알고리즘에 의해 성공적으로 복원될 수 있음을 입증해 주었다.

결과적으로 GAN과 CNN은 복원 기술의 상보적 도구로 기능하며, 하나는 창의적 예측을, 다른 하나는 정밀한 보정을 담당한다. 두 알고리즘이 통합적으로 활용될 경우, 예술 작품 복원의 정확도와 표현의 정합성이 극대화되며, 시간과 자원 면에서도 효율적인 복원 환경을 제공하게 된다.

국립미술관의 AI 기반 〈야경〉 복원

대표적인 사례 중 하나는 레이크스국립미술관의 〈야경(The Night Watch)〉(1642) 복원 프로젝트다. 〈야경〉은 렘브란트의 대표작으로서, 빛의 활용과 인물 묘사에서 탁월한 기량을 보여 주는 작품이다. 이 작품은 1715년 시청으로 옮겨질 당시 원본보다 작은 벽면에 맞추기 위

해 좌우가 잘렸다. 그 결과 약 60cm의 좌측, 7cm의 우측, 22cm의 윗부분, 12cm의 아랫부분이 손실되었다(Rijksmuseum, 2021). 이러한 손상은 작품의 조형적 균형과 인물 배열에 큰 영향을 주었고, 레이크스미술관은 오랜 시간 동안 원형 복원을 위해 노력을 기울였다. 2019년부터 착수한 '야경 복원 프로젝트(Operation Night Watch)'는 이러한 손상된 부분을 디지털 기술을 통해 복원하기 위한 시도였다.

연구진은 17세기 화가 헤릿 뤈던스(Gerrit Lundens)가 그린 복제본을 기반으로 AI를 학습시켰다(Druzhinina, 2024). 이 복제본은 현재 레이크스미술관에서 소장하고 있는 작품의 좌측에 인물들이 존재하고 있었다는 사실을 확인해 주고, 원작의 전체 구성을 보여 주는 유일한 고증 자료였다. 이에 연구진은 헤릿 뤈던스가 제작한 복제본과 다수의 렘브란트 작품을 활용해서 딥러닝 알고리즘을 훈련했다. 그 결과 렘브란트 특유의 구도, 붓 터치, 명암 표현 등이 반영된 정밀한 디지털 이미지가 완성되었다.

특수 제작된 유리 벽 안에서 진행한 복원 작업은 전 세계에 생중계되었고, 2021년에 복원 이미지는 캔버스에 인쇄하여 원작 옆에 병치했다(Benzine, 2022). 복원한

작품 이미지의 경우, 좌측에는 원본과 같이 인물 두 명이 추가되었으며, 배경 인물들의 구도와 명암도 재조정되어 작품 전체가 한층 동적으로 재구성되었다. 이 프로젝트는 단순한 복원을 넘어, AI가 예술사적 맥락을 고려한 정교한 재현이 가능하다는 점에서 예술 복원의 새로운 가능성을 열어 주었다는 평가를 받는다.

AI와 가상 복원

AI는 다양한 양식과 기법을 학습하고 방대한 양의 데이터를 처리하여 예술 작품의 본질을 유지하는 응집력 있는 복원을 만들 수 있다(Rivière-De Franco, 2022). 또한 AI는 상술한 물리적 복원뿐 아니라 '가상 복원(Virtual Restoration)'에 대한 새로운 접근을 가능하게 하며, 문화유산 보호의 시간과 비용을 절감하고, 결과의 정밀도 또한 향상한다.

가버 외(Gaber et al., 2023)는 고해상도 스캔 이미지를 기반으로 색상과 질감의 패턴을 분석하고, 이를 통해 손상된 예술 작품의 시각적 요소를 복원하는 딥러닝 기반 모델을 제안했다. 특히 이러한 기술은 회화뿐만 아니라 조각, 구조물 등 3D 예술 작품에도 적용 가능성을 넓히고 있으며, 원형의 형상과 텍스처를 보다 정밀하게 재

현할 수 있도록 한다.

AI는 손상된 예술 작품을 되살리는 '디지털 치료사'로서의 역할을 수행하며, 예술의 시간적 · 물리적 제약을 넘어서 새로운 생명을 부여하고 있다. 하지만 AI 복원 기술의 발전과 함께 그 한계와 문제점, 그리고 윤리적 고려 사항에 대한 성찰이 요구된다. 일부 연구자들은 디지털 복원 기술의 현황을 비판적으로 검토하며, 알고리즘이 예술 작품의 의미, 시대적 문맥, 재료 특성을 완전히 이해하지 못하는 한계가 있다고 지적했다(Khair et al., 2021). 또한 상기 연구자들은 특히 AI가 원작자의 의도를 해석하고 반영하는 데 인간 전문가의 판단을 완전히 배제하거나 대체할 수는 없다는 점을 강조했다. 이는 AI가 학습한 데이터의 편향성이 결과에 영향을 미칠 수 있으며, 원작의 의도나 맥락을 왜곡할 우려가 존재하기 때문이다(O'Brien et al., 2023).

참고문헌

문솔미 · 이보아(2024). 소형 유물의 3차원 데이터 획득 기술에 관한 사례 및 문헌 연구. 《보존과학회지》, 40(3), 199~214쪽.

Benzine, V.(2022.8.25). Researchers restoring Rembrandt's 'Night Watch' found the artist used a secret ingredient that most people just eat for breakfast: But the mystery remains why

the artist used the organic material in his impasto paint. artnet. https://news.artnet.com/art-world/rembrandt-night-watch-egg-yolk-2165081

Druzhinina, A. A.(2024). Artificial intelligence and restoration: How algorithms transform approaches to art preservation. *Управление(Managing of culture), 4*(12), pp.19~24.

Gaber, J. A., et al.(2023). The role of artificial intelligence and machine learning in preserving cultural heritage and art works via virtual restoration. *ISPRS annals of the photogrammetry, remote sensing and spatial information sciences, 10*, pp.185~190.

Gupta, V., et al.(2021). Restoration of artwork using deep neural networks. *Evolving systems, 12*(2), pp.439~446.

Khair, U., et al.(2021). Limitations and possibilities of digital restoration techniques used in the conservation of artworks. *International journal of advanced computer science and applications, 12*(3), pp.659~666.

Kumar, P., et al.(2024). Dual attention and channel transformer based generative adversarial network for restoration of the damaged artwork. *Engineering applications of artificial intelligence, 128*, 107457. https://doi.org/10.1016/j.engappai.2023.107457

Li, Y.(2022). AI restoration brings 'dying' masterpieces back to life, but tricks copyright?. *International journal of law and information technology, 30*(3), pp.368~384.

O'Brien, C., et al.(2023). Limitations and possibilities of digital restoration techniques using generative AI tools: Reconstituting Antoine Francois Callet's Achilles dragging

Hector's body past the Walls of Troy. *Arts & communication*, pp.1~8.

Rijksmuseum(2021.6.23). For the first time in 300 years the Night Watch is complete again: Rijksmuseum reconstructs the missing pieces. https://www.rijksmuseum.nl/en/press/press-releases/for-the-first-time-in-300-years-the-night-watch-is-complete-again

Rivière-De Franco, K.(2022). AI restoration brings 'dying' masterpieces back to life, but tricks copyright?. *International journal of law and information technology, 30*(3), pp.368~384.

Sankar, B., et al.(2023). Transforming pixels into a masterpiece: AI-powered art restoration using a novel distributed denoising CNN(DDCNN). *2023 International conference on emerging techniques in computational intelligence*, pp.164~175.

Sankar, B., Saravanan, M., Kumar, K., & Dubakka, S.(2023, September). Transforming pixels into a masterpiece: AI-powered art restoration using a novel distributed denoising CNN (DDCNN). *2023 international conference on emerging techniques in computational intelligence (ICETCI), IEEE*, pp.164~175.

Shahi, M., et al.(2025). CNN-based classification of Persian miniature paintings from five renowned schools. *Digital applications in archaeology and cultural heritage, 36*, pp.1~20.

Xue, J., et al.(2020). User-guided chinese painting completion-a generative adversarial network approach. *IEEE Access, 8*,

pp.187431～187440.

Xue, J., et al.(2022). WGAN-based ancient chinese painting restoration. *IEEE Access, 10*, pp.75023～75034.

Shahi, M., et al.,(2025). CNN-based classification of Persian miniature paintings from five renowned schools. *Digital applications in archaeology and cultural heritage*, 36, e00397.

04
복원을 넘어 새로운 창조를 이끄는 AI

훼손된 명화를 복원하고, 잃어버린 색을 되살리는 복원 전문가로 활약해 온 AI는 이제 예술 창작에까지 도전하고 있다. AI는 더 이상 예술가의 보조자에 머물지 않고, 창작의 주체로 나서기 시작했다. 데이터는 안료가 되고 알고리즘은 붓이 되어, 기계는 고유의 작법으로 새로운 이미지를 그려 낸다. AI로 렘브란트의 화풍을 학습해 새로운 작품이 탄생한 '넥스트 렘브란트' 프로젝트를 중심으로, 기술과 예술의 융합 가능성을 조명하고자 한다.

AI와 사주?

알고리즘이 창조한 '넥스트 렘브란트'

21세기 기술과 예술이 교차하는 지점에서, AI는 더 이상 단순한 도구가 아닌 창작의 주체로 부상하고 있다. 그 대표적 사례로 2016년 공개된 '더 넥스트 렘브란트(The Next Rembrandt)' 프로젝트는 렘브란트 하르먼스 판레인(Rembrandt Harmensz van Rijn)이 사망한 지 400년 만에, 그의 화풍을 바탕으로 AI가 새로운 작품을 탄생시킨 획기적인 예술 창작물 프로젝트였다.

이 프로젝트는 네덜란드 광고 회사 제이 월터 톰슨(J. Walter Thompson, JWT)을 중심으로, ING 금융 그룹, 마이크로소프트(Microsoft), 델프트공과대학교(Delft University of Technology), 마우리츠하위스미술관(Mauritshuis), 렘브란트하우스미술관(Museum Het Rembrandthuis)이 협력하여 진행한 다학제적 공동 연구의 결과물이다.

프로젝트의 출발과 목표

해당 프로젝트의 출발점은 JWT의 크리에이티브 디렉터 바스 코르스텐(Bas Korsten)이 제기한 "컴퓨터가 렘브란트처럼 그림을 그릴 수 있을까?"라는 질문이었다(Cascone, 2016). 이 질문에 대한 해답을 얻기 위해 프로

젝트의 목표는 AI에게 렘브란트의 사고방식과 기법을 학습시켜, 완전히 새로운 '렘브란트 화풍의 초상화'를 생성하는 것으로 설정되었다(Dutch Digital Design, 2018).

이를 위해 연구팀은 렘브란트가 1632년부터 1642년 사이에 그린 346점의 초상화 작품을 데이터 세트로 활용했다. 이들 작품을 고해상도로 디지털화했고, 조명, 채색, 인물 구성, 얼굴의 각도, 의상, 그리고 질감 등 렘브란트 화풍의 세부 요소들을 철저히 분석했다.

심층 신경망 기반 얼굴 인식 알고리즘으로 분석된 '넥스트 렘브란트' 인물상

기술적 측면에서 '넥스트 렘브란트' 프로젝트는 마이크로소프트의 클라우드 플랫폼 애저(Azure), 딥러닝 알고리즘, 그리고 3D 스캐닝 및 프린팅 기술의 융합으로 구현되었다(Guadamuz, 2017). 마이크로소프트의 애저 플랫폼은 '넥스트 렘브란트' 프로젝트에서 데이터를 저장하고 분석하는 데 핵심적인 역할을 수행한 클라우드 기반 플랫폼이다. 보안성과 신뢰성은 물론, 사용자 친화적인 인터페이스와 높은 유연성 덕분에 기술팀은 방대한 데이터를 빠르게 처리하고 분석할 수 있었다.

최종 초상화는 18개월이 넘는 제작 기간과 150기가바

이트에 달하는 디지털 그래픽 데이터를 바탕으로 완성되었다. 프로젝트는 렘브란트의 회화 346점을 고해상도 3D 스캔 및 디지털 파일로 분석하면서 시작되었고, 머신러닝(Machine Learning, ML)을 활용해 각 그림의 특성을 추출했다. 알고리즘은 인물 얼굴의 60여 개 지점을 탐지하고 그 간격을 측정함으로써 '렘브란트다운' 얼굴 구조를 재현할 수 있게 되었다.

분석 과정에 대해 부연하면, 이 분석 알고리즘은 마이크로소프트의 애저 플랫폼의 리눅스 기반 가상 머신(Linux Virtual Machine, VM)에서 실행되었으며, 개발자들은 클라우드와 온프레미스 환경을 유연하게 오가며 알고리즘을 조정하고 최종 결과물을 렌더링했다. 애저 플랫폼의 배치 서비스(Batch Service)는 이 알고리즘을 최대 1000회까지 병렬 실행할 수 있게 해, 고도의 연산 작업을 가능케 했다(Microsoft, 2016). 또한 마이크로소프트의 클라우드 기술은 오직 '데이터'만을 기반으로 하나의 완성된 렘브란트풍 회화를 창조할 수 있게 해 준 결정적 인프라였다.

마이크로소프트의 중소기업(Small and Medium-sized Businesses) 마켓 디렉터 론 어거스터스(Ron Augustus)는 이 프로젝트에 대해 "지능형 데이터의 가능

성을 엿볼 수 있는 불꽃 같은 사례"라고 표현하며, "데이터는 새로운 전기와도 같으며, 사람과 기업이 더 많은 것을 이룰 수 있게 도와줄 잠재력을 지녔다"라고 강조했다(Microsoft, 2016).

렘브란트의 작품에 나타난 비율과 얼굴 특징에 대한 심층적인 연구를 위해, 연구팀은 총 150GB에 달하는 렘브란트의 작품 이미지 데이터를 수집해서 심층신경망(DNN)을 훈련시킴으로써 이미지 해상도를 정교하게 향상했다.

DNN 기반의 얼굴 인식 알고리즘을 통해 렘브란트의 초상화에서 눈, 코, 입, 귀, 이마, 광대뼈, 턱선 등 주요 특징점이 자동 추출되었으며, 시선 방향, 표정, 조명 각도, 나이 대, 성별, 인종, 복식 요소 등을 통계적으로 분석했다(de Cock Buning, 2018).

이러한 분석을 바탕으로, AI는 렘브란트 작품의 기하학적 구도, 구성을 비롯해 회화 재료의 활용 방식을 이해하게 되었다. 결과적으로 학습된 인물의 특성을 바탕으로 '렘브란트 양식의 평균적인 얼굴'을 생성하는 데 사용되었다.

특히 연구팀은 미술 양식을 복제하고 새로운 얼굴 특징을 생성하기 위해, 각 초상화 인물의 얼굴에서 눈, 코,

입, 귀 등 주요 부위의 위치와 비율, 부위 간 거리 등을 정밀하게 측정했다. 이를 기반으로 마이크로소프트와 협력하여 총 6000개 이상의 얼굴 특징 좌표(Facial Feature Coordinates) 데이터를 구축했다(Mezei, 2021).

최종 결과물에 대한 대부분의 의사결정은 연구팀이 사전에 설정한 알고리즘에 따라 진행되었으며, 이는 전형적인 렘브란트 회화 작품의 시각적 특성에 대한 AI의 해석을 보여 주기 위함이었다. 그 결과, '넥스트 렘브란트'는 흰 칼라가 달린 검은 옷과 모자를 쓴, 오른쪽을 향해 있는 30~40대 백인 남성이라는 프로토타입의 특징이 설정되었다(VML, n.d.).

예술 창작물 '넥스트 렘브란트'의 생성

'넥스트 렘브란트' 생성의 최종 단계에서, 연구팀은 픽셀 기반의 2D 이미지를 3D로 전환하기 위해 '하이트 맵(Height Map)' 기술을 적용했다(Next Rembrandt, 2016). 이 기술은 캔버스의 표면 질감, 유화의 두께, 붓 터치의 미세한 요철 등을 정밀하게 재현하는 데 사용되었다. 최종 출력물은 캐논(Canon)의 3D 프린터를 통해 총 13개의 자외선(Ultraviolet) 경화 잉크를 겹겹이 쌓는 방식으로 구현되었으며, 렘브란트 작품의 16만8263개의 그림

조각을 기반으로 총 1억4800만 픽셀로 구성된 결과물을 생성했다(Guadamuz, 2017). 이 작품은 약 500시간에 걸친 알고리즘 연산을 통해 렘브란트 특유의 사실적인 질감과 조명을 정교하게 재현한 AI 기반 예술 창작물로 완성되었다.

예술 공학적 차원에서 본 '넥스트 렘브란트'

이 프로젝트의 공개는 예술계와 기술계 모두에 충격과 감탄을 불러일으켰다. 단순한 렘브란트 회화 작품의 양식 모방을 넘어, AI가 예술가의 창작 논리를 학습하고 새로운 작품을 창출했다는 측면에서, '넥스트 렘브란트'는 인간 중심의 창작 개념을 재정의하는 계기가 되었다.

한편 이 프로젝트에서 개발된 알고리즘은 손상된 회화 작품의 복원에 적용될 수 있는 가능성을 제시해 주었으며, 향후 오픈 소스로 공개되어 문화유산 보존 및 디지털 복원 분야에서의 파급 효과를 기대하게 되었다. '넥스트 렘브란트'는 공학이나 기술, 창의성, 예술의 경계를 넘나드는 시도로(강은정 외, 2018), '데이터가 화가'가 되고 '알고리즘이 붓'이 되는 시대의 서막을 알리는 사건이다.

이 프로젝트는 법적 · 윤리적 차원에서도 큰 논의를

불러일으켰다. 야니스키-라비드(Yanisky-Ravid, 2017)는 '넥스트 렘브란트' 사례를 통해 AI가 인간과 유사한 창작 주체로 간주될 수 있다고 하며, AI 창작물의 저작권 소유권 문제를 해결하기 위해 'AI 근로자 모델(AI Work Made for Hire Model)'을 제안한 바 있다. 과다무스(Guadamuz, 2017) 또한 이 프로젝트를 분석하며, AI 창작물의 법적 지위가 국가마다 상이하다는 점과, 〈에드몽 드 벨아미(Edmond de Belamy)〉와 같은 GAN 기반 작품과 비교했을 때, 창작자 개입 정도가 핵심 쟁점이 될 수 있음을 지적했다.

한편, 메제이(Mezei, 2020)는 이 프로젝트를 통해 인간 중심 창작 개념의 한계를 시험하며, 저작권 체계의 전환기를 조망했다. 그는 '기술 낙관주의'보다는 신중하고 비판적인 시각에서 AI 창작을 바라보아야 한다는 점을 강조했다. 이러한 논의는 예술사적으로도 의미가 있는데, 예를 들어, 《렘브란트, 명성과 감식안의 실천(Rembrandt, Reputation and the Practice of Connoisseurship)》(C. B. Scallen, 2004)의 경우, 19~20세기 렘브란트 감식학이 학문적 권위와 미술관 네트워크에 의해 형성되었음을 밝히며, '넥스트 렘브란트'는 이러한 전통적인 감정 체계를 데이터 기반 분석으로 전환하는 새로운 국면을

보였다고 했다.

결국 '넥스트 렘브란트' 프로젝트는 AI가 단순한 도구를 넘어, 과거 거장의 창작 논리를 학습하고, 그 정신을 계승하는 방식으로 새로운 창작 주체로 기능할 수 있다는 것을 보여 주었다. 또한 이 프로젝트는 예술적 정통성과 공학적 창의성의 교차점에서 인간과 기계의 협업 가능성을 실증하며, AI가 예술 창작의 미래를 어떻게 확장해 나갈 수 있는지를 보여 주는 중요한 전환점을 마련했다.

참고문헌

강은정 외(2018). 인공지능기반의 융복합 예술창작물 사례 분석 및 고찰. 《한국과학예술포럼》, 35, 1~13쪽.

Cascone, S.(2016.4.5). New Rembrandt artwork created vis 168,263 painting fragments. artnet. https://news.artnet.com/art-world/new-rembrandt-through-data-analysis-466517

de Cock Buning, M.(2018). Artificial Intelligence and the creative industry: New challenges for the EU paradigm for art and technology by autonomous creation. In W. Barfield(ed.). *Research handbook on the law of Artificial Intelligence*, pp.511~535. Edward Elgar Publishing.

Dutch Digital Design(2018.1.24). The Next Rembrandt: bringing the old master back to life: Case study: behind the scenes of digital design. Medium. https://medium.com/@DutchDigital/the-next-rembrandt-

bringing-the-old-master-back-to-life-35dfb1653597

Guadamuz, A.(2017). Do androids dream of electric copyright? Comparative analysis of originality in Artificial Intelligence generated works. *Intellectual property quarterly, 2*, pp.169~186.

Meyer, D.(2016.4.6). Algorithms and 3D printers paint convincing Rembrandt simulation. *Fortune*. https://fortune.com/2016/04/06/next-rembrandt-algorithms/

Mezei, P.(2020). From Leonardo to the Next Rembrandt – The Need for AI-Pessimism in the Age of Algorithms. *UFITA*, 84(2), pp.390~429.

Microsoft News Centre Europe(2016.4.13). The next Rembrant. https://news.microsoft.com/europe/features/next-rembrandt/

The Next Rembrandt newsroom(2016.4.5). Can technology and data bring back to life one of the greatest painters of all time?. https://thenextrembrandt.pr.co/125449-can-technology-and-data-bring-back-to-life-one-of-the-greatest-painters-of-all-time

VML(n.d.). Our work The Next Rembrandt: Can technology and data bring back to life one of history's greatest painters?. https://www.vml.com/work/next-rembrandt

Yanisky-Ravid, S.(2017). Generating Rembrandt: Artificial Intelligence, copyright, and accountability in the 3A era-The human-like authors are already here-a new model. *Michigan State law review, 4*, pp.659~726.

05
예술 작품을 분석하는 AI

딥러닝 기반 컴퓨터 비전 기술은 수천 개의 작품을 학습해 양식, 색채, 구도, 텍스처 등을 비교 · 분석하고, 시대나 작가별 미학적 특징을 도출하는 데 활용된다. 이러한 기술은 작품을 알고리즘적으로 해석 · 분류하고, 새로운 방식의 의미적 관계 탐색을 가능하게 한다. AI 기반 예술 작품 분석 사례를 중심으로, AI가 예술 작품의 양식 해석과 미학적 의미 분석에 어떻게 기여할 수 있는지를 고찰하고자 한다.

AI와 아이돌?

예술 작품을 분석하는 작업

예술 작품을 분석하는 작업은 매우 복잡하고 정교한 과정을 요구하며, 미술사적 식견과 기술 이해를 모두 갖춘 전문가의 식견과 경험을 필수적으로 요구한다. 특히 예술의 본질은 주관성과 역사성을 내포하고 있어 단순한 데이터 분석만으로는 접근할 수 없는 깊이를 지닌다. 이에 예술 작품은 미술사적 관점과 공학적 관점 모두에서 분석되어야 하며, 이 두 시각은 상호보완해서 작용하여 예술에 대한 포괄적인 이해를 가능하게 한다.

예술 작품 분석에 대한 미술사적 관점 vs. 공학적 관점

미술사적 관점에서는 문화적 · 역사적 맥락, 도상학 및 사회학의 모델, 재료와 기법 등으로 접근해 볼 수 있다. 문화적 · 역사적 맥락의 경우, 예술 작품이 제작된 시대적 배경, 작가의 의도, 사회 영향 등을 분석한다. 예를 들어 르네상스 시대 예술은 수학적 비례와 과학적 사고가 통합된 특징을 보인다(Huang, 2023).

도상학 및 사회학 모델의 경우, 대다수 연구자들은 에르빈 파노프스키(Erwin Panofsky)의 도상학, 피에르 부르디외(Pierre Bourdieu)의 예술 생산과 수용 모델 등에

대한 의존도가 높다(Val Cubero, 2010). 재료와 기법의 경우, 안료, 매체, 적용 방식 등의 분석은 예술 작품의 시대별 기술과 미적 관행을 이해하는 데 중요한 의미를 지닌다(Kunstgeschichte, 2024; Leona, 2009).

공학적 관점의 경우, 기술 및 구조 분석은 조각, 건축, 설치 예술 등의 구조와 제작 기술을 분석한다(Larena & Alonso, 2016; Smith, 2023). 형태와 기능 통합의 경우에는 예술 작품의 기능성과 심미성이 어떻게 조화를 이루는지를 설계의 관점에서 분석한다(Smith, 2023). 마지막으로, X선 형광, 라만 분광법 등 비침습적 분석 기법은 예술 작품의 물질 특성을 분석하고, 보존 전략과 계획을 수립하는 데 활용된다(Denker et al., 2003).

AI 알고리즘을 활용한 예술 작품의 창의성 계량화

상술한 바와 같이, 인문학에 해당하는 미술사와 공학의 교차점은 학제 간 협업의 중요성을 강조하며, 예술 작품에 대한 다층적이고 융합적인 분석을 가능하게 한다. 21세기 들어 AI는 예술 창작을 넘어 예술 작품 분석 영역에서도 새로운 가능성을 제시한다.

특히 아흐메드 엘가말(Ahmed Elgammal) 교수가 이

끄는 미국 럿거스대학교(Rutgers University)의 예술과 인공지능 연구실(Art & AI Lab)은 학계에서 AI를 활용한 예술사적 분석의 선두 주자로 널리 알려져 있다. 이 연구 집단은 예술 작품 간의 양식적 관계와 창의성의 계량화라는 주제를 중심으로 독창적인 연구를 전개했다.

엘가말 교수의 대표적 연구 중 하나는 '예술 네트워크에서 창의성을 수치화하기(Quantifying Creativity in Art Networks, 2015)'다. 이 연구는 '미술사 맥락 안에서 회화 작품의 창의성을 평가할 수 있는 컴퓨터 알고리즘의 개발이 가능할까?'라는 연구 문제로부터 제기되었다.

연구팀은 1400~1950년까지의 회화 작품 약 6만2000점을 대상으로, 컴퓨터 비전 기반의 특징 추출 알고리즘을 적용하여 각 작품의 색채, 구도, 질감, 윤곽 등의 시각적 요소를 AI 알고리즘으로 분석했다. 그다음 단계에서는 예술 작품 간의 시각적 유사성과 차별성을 계량적으로 측정하여 수치로 도출했다. 연구팀은 이 계량화된 데이터를 바탕으로 '창의성'의 수준을 정량적으로 평가했다(Elgammal & Saleh, 2015).

특히 연구팀은 회화 작품의 양식, 장르, 화가 등과 같은 미학적 유사성과 역사적 맥락 그리고 이와 관련된 의미론적 수준을 측정 및 판단이 가능한 미술사 해석의 영

역에서 사용할 수 있는 컴퓨터 알고리즘의 개발에 집중했다(Saleh & Elgammal, 2015; Saleh, et al., 2016).

이러한 과정을 통해 개별 작품의 네트워크 구조 속 위치, 즉 '창의성 점수'를 산정하고, 역사적으로 미술 운동이나 작가들의 영향력을 시계열 그래프로 시각화했다. 상기 연구는 예술 작품의 창의성을 평가하기 위한 컴퓨테이셔널 분석 틀을 제안했으며, '독창성과 영향력' 등 두 가지의 평가 기준에 따라 창의성에 대한 정량화가 가능하다는 것을 제시했다.

컴퓨테이셔널 분석의 의미

이러한 분석은 전통적인 미술사에서 수사적으로만 논의되던 '영향력(Influence)' 관계를 데이터 기반으로 가시화했다는 점에서 혁신적이라는 평가를 받는다. 예를 들어, 클림트(Gustav Klimt)는 피카소(Pablo Picasso)와 브라크(Georges Braque)와의 시각적 유사성 측면에서 연결되며, 뭉크(Edvard Munch)는 베크만(Max Beckmann)과의 양식적 연관성이 드러난다(Saleh & Elgammal, 2015).

이처럼 AI는 예술 작품 간의 시각적 패턴을 기반으로 작가의 개성, 시대의 흐름, 양식의 진화를 재구성할 수

있는 도구로 기능한다. 더욱이 엘가말 교수는 이러한 분석을 통해 '창의성이란 무엇인가'라는 본질적인 질문에 대한 정량적 근거를 제시하며, 예술의 미학적 논의를 과학적 방법론으로 확장했다는 긍정적인 평가를 받았다.

국내 연구진의 사례도 주목할 만하다. 이보아 외(2021)는 AI 기반 이미지 분석을 활용해 인상주의 회화의 조형적 특징을 계량적으로 분석하는 시도를 진행했다. 상기 연구에서 연구 대상에는 클로드 모네(Claude Monet)의 대표 연작인 〈건초더미(Haystacks)〉, 〈루앙 대성당(Rouen Cathedral)〉, 〈수련(Water Lilies)〉이 포함되었으며, 연구진은 각 작품의 화면에서 시각적 중심, 즉 하위 무게 중심(Visual Centroid)을 추출하고, 이를 통해 화면 구성의 안정성, 반복성, 시각적 균형 등의 요소를 수치화했다. 해당 연구는 컴퓨터 비전 기술과 이미지 처리 알고리즘을 기반으로 각 연작의 시각적 무게 중심 좌표를 정량적으로 비교 분석함으로써, 모네가 특정 시리즈에서 어떠한 화면 배치 전략을 반복해서 활용했는지를 규명하고자 했다.

주요 연구 결과를 살펴보면, 〈루앙 대성당〉 연작의 경우 정면성과 대칭성의 유지로 인해 비교적 안정된 무게 중심의 분포를 보였으며, 〈수련〉 연작에서는 수면과 반

영 구조의 수평적 구도에 따라 무게 중심이 하단에 집중되는 경향이 나타났다. 반면 〈건초더미〉 연작의 경우, 광원과 계절에 따라 다채로운 구성 변화를 보여 주며, 시각적 중심의 위치 역시 연작 간 편차가 크게 나타났다.

상술한 연구는 모네가 빛과 시간의 변화에 따라 시각적 리듬과 화면의 긴장도를 어떻게 조절했는지를 계량적으로 입증했다. 또한 주관적 해석에 의존해 온 예술 작품 감상에서 양식을 데이터 기반으로 분석함으로써, 예술가의 조형 전략을 보다 명확히 해석할 수 있다는 가능성을 제시했다. 특히 연작 회화가 시간성과 구성의 반복이라는 측면에서 독립적인 작품군을 넘어, 체계적 조형 언어를 지닌다는 점을 실증적으로 보여 주었다는 데 의의가 있다.

언어-이미지 대비학습 모델 기반의 한국 현대 미술 작품에 대한 컴퓨테이셔널 분석

한국 현대 미술의 흐름 속에서 신사실파 계열 작가들을 중심으로 회화 양식을 정량적으로 분석한 백서현 외(2024)의 연구는 AI를 활용한 예술 작품 분석에 대해 새로운 방향을 제시했다. 이 연구에는 집필자도 참여했는데, 해당 연구는 국내 회화 작가들의 작품 이미지를 대량

으로 수집하고, 이 데이터를 기반으로 딥러닝 기반 이미지 분석 기법을 적용하여 작가 식별 가능성을 탐색했다.

연구팀은 언어-이미지 대비학습(Contrastive Language-Image Pre-training, CLIP) 모델을 활용, 시각적 표현에 내재된 스타일의 차이를 효과적으로 포착했으며, 이미지 특징 벡터를 추출한 후, 방향성 기울기 히스토그램(Histogram of Oriented Gradients, HOG)과 주성분분석(Principal Component Analysis, PCA) 등의 알고리즘을 적용하여 특징 차원을 축소하고 군집화했다.

지도 학습(Supervised Learning)과 비지도 학습(Unsupervised Learning)이 병용된 상기 연구의 경우, K-평균(K-Means) 및 노이즈를 포함하는 밀도 기반 클러스터링 기법(DBSCAN)과 같은 클러스터링 기법을 통해 시각적 유사성과 집단 간 분포를 시각화했다. 그다음 단계에서 엑스지부스트(XGBoost)와 랜덤 포레스트(Random Forest) 알고리즘을 통해 작가별 분류 정확도가 검증되었다. 특히 어텐션 메커니즘 기반 모델을 적용함으로써, 작품 내 특정 영역(예: 붓 터치, 색채 패턴 등)이 작가 분류에 미치는 영향력이 도출되었는데, 이는 단순한 분류를 넘어 작가 고유의 조형 언어를 해석하는 데 통찰을 제공했다.

이 연구는 AI가 단지 이미지 분류에 그치지 않고, 예술가의 표현 양식을 통계적으로 모델링하고 비교하는 도구로 활용될 수 있음을 보여 주었다. 특히 동양 회화, 한국 현대 미술처럼 국제적인 딥러닝 학습 데이터 세트에 상대적으로 적게 반영된 특정 지역의 미술에 대해, 자체 데이터 구축을 기반으로 한 알고리즘 접근을 통해 조형 언어의 정체성을 탐색할 수 있는 대안적 방법론이 마련되고 있다.

이 장에서 소개한 연구 사례들은 단순히 예술 작품을 수치화하는 데 그치지 않고, 양식의 진화, 작가의 의도, 조형 전략을 보다 정량적으로 동시에 객관적으로 설명할 수 있는 새로운 연구 방법론이자 도구로서 AI의 의미를 새로운 시각으로 조명해 주었다.

참고문헌

백서현 외(2024). CLIP 기반 분석을 통한 한국 신사실파 작가 분류. 《한국컴퓨터정보학회논문지》, 29(12), 317~328쪽.

이보아 외(2021). 융합적 관점에서 접근한 클로드 모네 작품의 하위 무게 중심 유형 분석: 건초더미 연작, 루앙대성당 연작, 수련 연작을 중심으로. 《한국과학예술융합학회》, 39(4), 399~411쪽.

Burnstock, A., et al.(Eds.).(2024). *Kunstgeschichte, Kunsttechnologie und Restaurierung: Neue Perspektiven der*

Zusammenarbeit / Art History, Conservation and Conservation Science: New Perspectives for Cooperation. Dietrich Reimer Verlag

Denker, A., et al.(2022). Chemie der Kunst: Zerstorungsfreie Analyse von Kunst-und Kulturgutern. *Materials testing, 45*(11-12), pp.485~503.

Elgammal, A. & Saleh, B.(2015). Quantifying creativity in art networks. *Proceedings of the sixth international conference on computational creativity(ICCC)*, pp.1~23.

Huang, X., et al.(2023). The embodiment of engineering in renaissance art works based on the art works by Leonardo da Vinci, Albrecht Drer, and Mariano di Jacopo. *Communications in humanities research, 3*(1), pp.277~283.

Larena, J. B. & Alonso, M. A.(2016). Hacia una estetica del donde. *Archivo Espanol de arte, 89*(354), pp.165~182.

Leona, M.(2009). The materiality of art: scientific research in art history and art conservation at the Metropolitan Museum. *The Metropolitan Museum of art bulletin, 67*(1), pp.4~11.

Saleh, B. & Elgammal, A.(2015). Large-scale classification of fine-art paintings: Learning the right metric on the right feature. arXiv:1505.00855.

Saleh, B., et al.(2016). Toward automated discovery of artistic influence. *Multimedia tools and applications, 75*, pp.3565~3591.

Smith, N.(2023). It's not all nuts and bolts, you know...[art-engineering]. *Engineering & technology, 18*(2), pp.42~46.

Val Cubero, A.(2010). A methodological approach to the analysis of works of art. *Arte individuo y sociedad, 22*, pp.63~72.

06
미디어 아트에서 AI 예술 창작물로

AI는 이제 예술 창작에서 단순한 도구를 넘어, 인간과 함께 창작하는 공동 창작자로 자리매김하고 있다. 예술가의 상상력과 AI의 계산 능력이 결합되면서, 예술의 제작 방식과 감상 방식 모두를 바꾸는 새로운 창작 환경이 형성되고 있다. 이러한 AI의 예술적 역할을, 최근 서울에서 열린 레픽 아나돌의 전시 〈지구의 메아리: 살아 있는 기록 보관소〉를 통해 살펴보고자 한다.

AI와 야구?

예술과 공존하는 AI

오늘날 AI 기술은 기계가 시각적, 문자적, 언어적 인지 능력을 갖추도록 하는 데 결정적인 역할을 하고 있으며, 이는 예술의 창작 방식과 감상 태도에 근본적인 변화를 불러오고 있다. 이 같은 변화의 흐름 속에서 AI는 단순한 보조 기술이나 도구를 넘어, 인간과 함께 창작의 전 과정을 수행하는 '공동 창작자(Co-creator)'로 부상하고 있다. 이러한 전환은 예술과 기술, 인간과 비인간의 경계를 재구성하며, 예술의 본질과 창작 주체에 대한 근본적인 질문을 제기한다.

앤드루 응(Andrew Ng)은 "AI는 오늘날의 전기(AI is the new electricity)"라며, AI 기술이 모든 산업과 일상생활 속으로 확산되고 있음을 강조한 바 있다(강은정 외, 2018). 이러한 맥락에서 예술 영역에서의 AI 도입은 단순한 기술 채택이 아닌, 새로운 미학의 가능성과 창작 패러다임을 탐색하는 중요한 흐름으로 이해될 수 있다.

예술가의 창의성을 확장하는 AI

실제로 AI는 예술가의 창의성을 자극하는 매개이자, 예술적 목표를 달성하기 위한 핵심적인 조력자로 작동하고 있다(박연숙, 2023). 방대한 데이터를 기반으로 통찰

을 제공하고, 반복적 작업의 자동화를 통해 창작의 효율성을 높이며, 나아가 인간이 미처 상상하지 못한 새로운 아이디어의 발굴과 실현을 가능케 한다(정규리, 2023). 물론 현재의 기술 수준에서 AI가 직관, 상상력, 판단력 등 인간 고유의 창의적 능력을 완벽히 대체할 수는 없다. 그러나 예술과 기술의 혁신적인 융합을 통해 AI 기반 예술 창작 기술이 빠르게 발전하고 있다는 점은 분명한 성과다(최효승 · 손영미, 2017).

특히 최근 등장한 텍스트 및 이미지 생성형 AI(예: 챗지피티, 미드저니 등)는 다양한 예술 양식을 학습하고 이를 독창적인 방식으로 구현함으로써 예술의 지평을 획기적으로 넓히고 있다. 이들 기술은 예술가가 단독으로 수행하기 어려운 복잡하고 방대한 조합의 창작 실험을 용이하게 한다. 비록 AI가 독립적인 예술 창작의 주체는 아니지만, 창작 도구로서의 영향력은 비약적으로 확장되고 있다. 이는 AI가 더 이상 단순한 기술적 보조를 넘어, 예술가의 창의성과 실험 정신을 확장하고 심화하는 중요한 촉매로 기능하고 있음을 시사한다.

AI를 창작의 동력으로 삼는 레픽 아나돌

이러한 흐름은 레픽 아나돌과 같이 AI를 창작의 핵심 동

력으로 삼는 예술가들의 작업에서 두드러지게 나타난다. 그는 데이터와 알고리즘, 그리고 관람객의 감각을 교차하며 기술과 예술이 공존할 수 있는 새로운 서사를 제안하는, AI 기반 예술 창작의 선구적 사례로 주목받는다.

AI와 예술의 융합을 실천하는 대표적인 작가 아나돌은 창의적으로 AI와 예술의 접점을 개척한 선구적인 작가로 평가된다. 그는 AI와 데이터 시각화를 결합한 독창적인 미디어 아트 작업으로 주목을 받았으며, 특히 방대한 양의 데이터를 수집 · 분석하고, 이를 몰입적이며 감각적인 형태로 표현하는 데 탁월한 역량을 보여 주고 있다. 그의 작업은 데이터를 하나의 '재료'로 삼아 관람객이 감정적으로 반응할 수 있는 추상적 환경을 구축한다는 점에서 미디어 아트의 새로운 지평을 제시한다.

아나돌은 컴퓨터 과학, 신경 과학, 심리학, 미술사 등 서로 다른 분야의 이론과 방법론을 교차하며, 철저하게 다학제적 접근을 추구한다. 그는 알고리즘이 단순히 반복 연산을 수행하는 기계적 요소에 머무르지 않고, 감성적이고 서사적인 예술 표현의 도구가 될 수 있다고 믿는다. 이러한 신념은 AI가 학습한 수십만 장의 이미지 데이터를 바탕으로 새로운 형태의 시각적 기억과 감각의 공

간을 구성한 그의 작품 세계에서 뚜렷하게 드러난다. 이 작품들에서 관람객은 'AI의 시선'을 통해 새로운 방식으로 세상을 경험하며, 인간의 기억, 감정, 무의식과 기술의 만남을 사유하게 된다.

그가 대중과 예술계에서 지속적으로 주목받는 이유는 방대한 데이터를 아름답고 시적으로 재구성함으로써 기술을 예술로 전환하는 능력에 있다(박태성, 2024). 아나돌은 AI를 단순한 도구가 아닌 하나의 '공동 창작자'로 설정하고, 이를 통해 예술가의 상상력과 기술의 계산 능력이 상호작용하는 새로운 창작 모델을 제시한다. 그는 예술을 통해 기술을 '인간화'하고, 기술을 통해 예술을 '재정의'하는 작업을 지속함으로써 동시대 예술과 기술 융합의 실험을 선도하고 있다. 그의 작업은 단지 시각적 쾌감에 머물지 않고, 기술 철학, 인간 경험, 데이터의 의미를 질문하는 예술적 탐구로 확장된다.

아나돌의 미학: 기계가 꿈꾸는 예술

아나돌은 물질과 비물질, 가상과 현실의 경계가 중첩되는 지점을 예술적으로 탐색하는 미디어 아티스트다. 그는 AI와 초대규모 데이터를 예술적 표현의 본질적 매체로 삼으며, 예술과 공학의 경계를 재구성하고, 데이터 기

반 서사와 기계 지능의 미학을 선도하는 작가로 자리매김했다. 특히 그의 작업은 단순한 데이터 시각화를 넘어서, 관람객이 데이터를 감각적으로 '경험'하고, 능동적으로 '상호작용'할 수 있는 몰입형 예술 환경을 구현한다는 점에서 주목할 만하다(Tire, 2022). 이러한 작업을 통해 그는 기술과 예술이 결합하여 새로운 감각적 언어를 창출하는 동시대 예술의 전위적 실험을 이끌고 있다.

아나돌은 2012년경 AI 예술에 본격적으로 착수하면서, "기계가 인간의 기억을 학습할 수 있다면, 과연 꿈을 꾸거나 환각을 경험할 수도 있지 않을까?"라는 철학적 질문을 바탕으로 자신의 예술 세계를 전개했다. 이러한 사유를 바탕으로, 그의 작업은 인간의 기억(시간), 건축(공간), 미디어 아트를 '학습하는 기계'를 통해 융합하는 방향으로 발전했다(강미정, 2024). 초기 작업에서는 오디오-비디오 퍼포먼스[e.g. 〈아메리카의 비전: 아메리크(Vision of America: Ameriques)〉(2014), 〈무한의 방(Infinity Room)〉(2015), 키네틱 파사드(예: 〈가상의 기만(Virtual Deceptions)〉(2015)], 그리고 건축과 미디어 아트 간의 혼성 관계에 주목하며, 건축물 외벽을 활용한 미디어 파사드 작업[e.g. 〈월트 디즈니 콘서트 홀 드림(Walt Disney Concert Hall Dream)〉(2018), 〈서울 해몽

(Seoul Haemong)〉(2020/2021)] 등의 작품을 선보였다(Karayilanoğlu & Arabacioğlu, 2020).

아나돌과 레픽 아나돌 스튜디오(Refik Anadol Studio, RAS)는 AI를 '붓', 데이터를 '안료', 건축물을 '캔버스'로 삼아 예술의 새로운 문법을 만들었다. 이들은 서로 충돌하거나 분리된다고 여겨졌던 물질과 비물질, 유동성과 구조, 추상성과 구체성의 경계를 창의적으로 넘나들며, 기술과 감각이 만나는 새로운 조형적 실험을 시도했다(Zečević, 2017; 김태은, 2024). 특히 디지털이라는 비물질적이고 추상적으로 인식되는 대상을 방대한 시각적 흐름으로 형상화하고(조성현 · 목진요, 2023), 이를 실제 건축물의 물리적 표면에 투사함으로써 새로운 형태의 공간적 경험과 시각화 방식을 제안했다. 그의 이러한 시도는 기술과 예술의 통합을 넘어서, 기계 학습을 통한 기억의 시각화라는 전례 없는 미학적 실험을 실현하고 있다는 점에서 의의를 가진다.

양자 컴퓨팅과 AI가 만들어 내는 추상적 형태의 '기억의 이미지'

이후 레픽 아나돌은 〈머신 할루시네이션(Machine Hallucination)〉(2019), 〈퀀텀 메모리즈(Quantum Me- mo-

ries)〉(2020), 〈머신 할루시네이션즈: 네이처 드림스(Machine Hallucinations: Nature Dreams)〉(2021) 등의 작품에서 AI와 양자 컴퓨팅을 접목한 데이터 기반 인터랙티브 미디어 아트를 선보였으며, 그의 작업은 실시간 상호작용이 결합된 융복합형 예술로 진화했다. 특히 〈퀀텀 메모리즈〉는 2억 장 이상의 방대한 자연 이미지 데이터를 기반으로, 양자 컴퓨팅과 AI를 활용해 기존에 존재하지 않던 자연 이미지들을 확률적으로 생성해 내는 작품이다. 이 과정에서 관람객의 시선과 움직임은 '양자 노이즈'로 변환되어 이미지 생성의 자원으로 활용되며, 이러한 피드백 순환은 끊임없이 반복된다.

아나돌의 작품이 지닌 또 하나의 특징은 관람객이 다양한 시점과 위치에서 감각적으로 접근할 수 있도록 설계된 '역동적 시각 변형'에 있다. AI가 생성한 형상들은 실제 존재하는 사물의 재현이 아니라, 대부분 추상적이고 유동적인 가상 이미지들로 구성되며, 이들은 끊임없이 변화하는 시각적 리듬 속에서 구상과 추상을 넘나든다.

이미지들은 선의 형태로 이루어진 드로잉처럼 얇게 흐르다가, 어느 순간에는 두꺼운 원색의 물감 덩어리처럼 농밀한 질감을 드러내며, 명확한 정의를 회피하는 시각적

모호함을 창출한다(조선령, 2023). 이러한 시각적 유동성은 '듀얼 뷰 아나모포시스(Dual View Anamorphosis)'의 개념과 밀접한 연관이 있다. 이 개념에서처럼 관찰자의 물리적 위치와 움직임은 작품 전체의 인식과 경험에 결정적인 요소로 작용한다(Pagliano, 2024).

〈지구의 메아리: 살아 있는 기록 보관소〉

최근 푸투라 서울에서 열렸던 아나돌의 〈지구의 메아리: 살아 있는 기록 보관소(Echoes of the Earth: Living Archive)〉(2024.9.5~2025.1.10)는 "기계가 자연을 꿈꿀 때 어떤 모습일까?"라는 질문에서 출발했다. 이 전시는 기후 변화로 인해 점차 소멸해 가는 자연의 아름다움을 기록하고 보존하려는 아나돌의 강한 의지가 반영된 결과물이다. 아나돌은 자연, 기술, 예술이라는 이질적인 영역의 경계를 허물고, AI를 창조적 도구로 삼아 자연의 아름다움과 복잡성을 예술적으로 탐색하며, 건강한 생태계가 지구의 지속 가능성을 지탱하는 본질적 기반임을 드러내고자 했다.

상기 전시는 총 아홉 개의 AI와 데이터 주도로 생성된 예술 창작물로 구성되었으며, 각각의 작품은 상이한 자연환경과 생태계를 주제로 채택했다. 주요 작품에는 〈대

규모 자연 모델: 개발과정〉(2024), 〈살아 있는 아카이브: 대규모 자연 모델〉(2024), 〈서울 바람〉(2024), 〈인공 현실: 태평양〉(2024), 〈100개의 시〉(2024), 〈기계 환각 - 대규모 자연 모델(Large Nature Model, LNM)〉 연작 - 식물, 동물, 풍경, 산호 - 이 포함된다. 이들 작품은 위성 이미지, 기후 데이터, 해양 정보 등 지구 전역의 다양한 환경 데이터를 수집하고, AI가 이를 학습하여 자연과 생태계의 패턴을 분석한 뒤, 추상적이면서도 감각적인 자연 이미지를 생성하도록 설계되었다.

특히 이 전시에서 선보인 인터랙티브 미디어 아트는 아나돌과 RAS가 세계 최초로 개발한 자연 특화 오픈 소스 생성형 AI 모델인 '대규모 자연 모델(LNM)'을 기반으로 구현했다(푸투라 서울). 이 모델은 자연이라는 거대하고 복잡한 생태 시스템을 기계가 스스로 학습하고 해석한 결과를 예술로 형상화한다는 점에서, 기술적 진보와 예술적 상상력이 만나는 상징적 시도라 할 수 있다. 관람객은 이 전시를 통해 기계가 생성한 자연의 '환영(Phantasm)'을 마주했으며, 인간과 자연, 기술 간의 새로운 감각적 관계성을 체험할 기회를 가졌다.

참고문헌

강미정(2024). 정동적 객체로서의 인공지능예술 고찰. 《기초조형학연구》, 25(3), 1~14쪽.

강은정 외(2018). AI 기반의 융복합 예술창작물 사례 분석 및 고찰. 《한국과학예술융합학회》, 35, 1~13쪽.

김태은(2024). 시각 예술과 인공지능의 교차점: 인공지능 창작 미술 사례를 중심으로. 고려대학교 석사학위논문.

박연숙(2023). 인간과 인공지능의 상호작용에서 촉발되는 공동 창의성 연구. 《한국영상학회논문집》, 21(3), 45~64쪽.

박태성(2024). 데이터와 인공지능이 만든 융합예술: 레픽 아나돌(Refik Anadol)의 작품 분석. 《한국과학예술융합학회》, 42(5), 151~162쪽.

정규리(2023). 인공지능 시대의 융합 예술: 레픽 아나돌(Refik Anadol)의 작품을 중심으로. 《한국과학예술융합학회》, 41(3), 383~394쪽.

조선령(2023). 스크린 기반 인공지능 예술과 포스트 휴먼 관람성 – 레픽 아나돌의 〈감독받지 않은(Unsupervised)〉 을 중심으로. 《현대미술학논문집》, 27(2), 33~56쪽.

조성현 · 목진요(2023). 네오물질적 데이터와 데이터 시각화의 물질성 – 뮌, 팀보이드, 레픽 아나돌의 작품을 중심으로. 《한국디자인포럼》, 80, 185~194쪽.

최효승 · 손영미(2017). 인공지능과 예술창작 활동의 융복합 사례분석 및 특성 연구. 《한국과학예술융합학회》, 28, 289~299쪽.

푸투라 서울. https://futuraseoul.org/66

Karayilanoğlu, B., & Arabacıoğlu, B.(2020). The effects of media facades on public space: the case of Refik Anadol's works. *MEGARON / Yildiz Technical University Faculty of Architecture E-Journal*, 15(3), 387 – 400. Retrieved from

https://doi.org/10.14744/megaron.2019.97986
Pagliano, A.(2024). *Geometries of anamorphic illusions: landscape, architecture, contemporary art and design.* Springer Nature.
Tire, S.(2022). Artist Refik Anadol transforming data into art with artificial intelligence. *SSD Journal, 7*(30), pp.69~80.
Zečević, M.(2017). Installation: Between the artistic and architectural project. *AM Časopis za studije umetnosti i medija, 12*, pp.55~70.

07
전시를 통제하는 AI

전시를 지휘하는 것은 이제 인간 큐레이터만이 아니다. AI는 실시간 데이터를 바탕으로 전시의 구조와 감각을 조율하며, 공간과 작품, 관람객을 유기적으로 연결하는 '살아 있는 전시 시스템'으로 진화하고 있다.
〈보이스(Voices)〉는 AI를 통해 예술과 기술, 인간의 경험이 하나의 유기체처럼 작동하는 새로운 전시 패러다임을 제안한다.

AI와 윤동주?

AI와 예술의 융합: 작가-작품-관람객 관계의 전환점

2000년대 이후 기술 매체와 예술의 융합은 작가와 작품 간의 관계를 근본적으로 재구성하며, 새로운 관계적 차원의 문제를 제기했다(유원준, 2024). 기술적 관점에서 AI는 방대한 데이터 분석을 기반으로 창작 아이디어를 제안하고, 예술가의 창의적 사고와 잠재력을 확장한다. 나아가 인간과의 공동 창작을 통해 예술적 목표 달성을 지원하는 능동적 매개체로 기능한다. 이러한 AI 기반 예술 창작물은 기존의 창작 관행과는 다른 방식으로 작가와 작품 간의 관계를 재정의한다. 즉 AI는 예술가를 창작의 지시자이며 개념 제안자로 위치하는 동시에, 작업의 실질적 실행자이자 공동 창작자로 작동한다(움베르또 마뚜라나 & 프란시스코 바렐라, 2007; 정현주 2024).

특히 기술 매체가 지닌 상호작용적 특성은 예술 작품의 최종 의미 형성을 전적으로 작가에게 귀속하는 대신, 관람객의 개입과 반응에 일정 부분 위임하는 새로운 감상 구조를 형성하고 있다. 이러한 맥락에서 상호작용 특성이 내재한 미디어 아트는 단순히 '작가와 작품' 간의 관계로만 해석하기보다는, '작품과 관람객' 사이의 역동적 관계망 속에서 의미를 생성하는 열린 구조로 이해하는

것이 타당하다.

필리프 파레노의 〈보이스〉

2024년 개관 20주년을 기념하기 위해 리움은 현대 미술계에서 가장 영향력 있는 작가 가운데 한 명에 해당하는 필리프 파레노(Philippe Parreno)의 〈보이스〉를 개최했다. '다수의 목소리'를 주제로 설정한 파레노는 예술과 공학의 융합된 AI와 데이터 주도형 미디어로 전시 환경을 구성했으며, 전시를 통해 관람객에게 실재와 가상, 자연과 기술에 대한 철학적 사유를 유도했다.

〈보이스〉는 특정 작가의 작업을 시간적 · 내용적 흐름 속에서 심층적으로 조명하는 '서베이 전시(Survey Exhibition)'의 형식을 취했으며, 1990년대부터 2024년까지 이어진 그의 예술 여정을 아우르는 40여 점의 작품이 다채로운 방식으로 구성되었다. 이 전시는 전시 전체를 하나의 거대한 설치 작품으로 구조화한 혁신적인 구성 방식, 다양한 매체와 기술의 융합, 전시를 실시간으로 조율하는 인공두뇌 시스템, 전시 공간을 지배하는 새로운 '목소리'의 활용 등의 특성을 지닌다(Leeum, 2024).

파레노는 예술 작품뿐 아니라 전시 구성과 연출 방식에서도 실험적 태도를 견지해 왔으며(오윤정, 2012; 정

현, 2024), 〈보이스〉를 통해 시간과 기억, 인식과 경험, 관람객과 작품 간의 관계를 깊이 있게 성찰했다. 그는 이 전시에서 상호작용과 참여, 시간성과 공간성, 공감각의 혼합, 동시대 기술과 감각의 통합, 인공적 · 자연적 요소의 융합을 핵심 키워드로 설정하고, 현대 미술의 주요 화두들을 입체적으로 탐색했다(이경은 외, 2024).

이러한 맥락에서 파레노는 인류세(Anthropocene) 이후의 자연과 환경 문제에 대한 동시대적 문제의식을 전시 서사에 접목했다(진휘연, 2024). 그의 전시는 개별 작품의 나열을 넘어, 통합적 감각 경험을 창출하는 하나의 매체로 구조화되었으며, 〈보이스〉는 거대한 설치 작품이자 감각적 무대로 작동했다. 외부 환경 데이터와 내부 작품 요소들이 실시간으로 연동되도록 설계함으로써, 전시 전체는 하나의 자율적 유기체처럼 작동한다. 이로 인해 인공두뇌와 독창적인 '목소리'가 전시에 생명력을 부여하며, 단순한 감상의 장을 넘어 몰입형 감각 환경으로 확장되었다.

나아가 파레노는 이 전시를 통해 시각 예술의 경계를 확장하며, 공연 예술이나 영화 언어와의 혼성적 통합을 시도했다(Smith, 2022). 그는 조각, 회화, 영상, 퍼포먼스를 넘나드는 작업을 통해, 다양한 분야의 전문가들과

협업하며 복합 매체 기반의 예술 실천을 실현해 왔다.

전시의 서사와 물리적 환경을 실시간으로 통제하는 AI 〈막〉

이 전시의 출발점에 해당하는 '막(Membrane, 2024)'은 습도, 기온, 대기 오염도 등의 환경 데이터를 수집하고, 이를 일련의 소리(i.e. ∂A)로 변환한 뒤, 전시실로 전송했다. '막'은 전시실에 배치된 작품과 실시간으로 연결되어 작동하는데, 관람객이 감지하지 못할 정도로 정교하게, 작품의 움직임과 이미지 변화 등을 조율한다. 이에 〈보이스〉에 전시된 작품은 고정된 의미를 갖지 않는다. 예컨대 AI, 데이터, 환경과의 상호작용에 따라 유기적으로 변화하며, 매 순간 새롭게 정의되는 '하이퍼 객체(Hyperobject)'로 기능한다(Saba, 2020; 이홍원, 2024).

이 전시에서 AI는 실시간 데이터를 바탕으로 전시의 작동 방식을 조율하고 전시를 고정된 공간이 아닌 살아 있는 유기체로 재정의하는 핵심 존재다. 이러한 관점에서, '막'은 외부 환경 데이터를 스스로 판단하고 반영하며, 〈보이스〉의 '지휘자' 또는 '통제자'로 확고히 위치를 잡게 된다.

전시 제목이 암시하듯, 파레노 작업의 핵심은 '다수의

목소리'다. 이 목소리들은 서로 다른 시간과 공간에서 만들어진 개별 작품이지만, 전시장에서는 하나의 서사로 결합되어 있다(한국박물관협회, 2024).

특히 AI가 만들어 낸 가상의 목소리는 작가가 만든 새로운 언어 '∂A(델타 에이)'를 학습하며 성장하면서, 하나의 독자적인 정체성을 지닌 존재로 발전한다. 1층(M2)에 설치된 3D 애니메이션 〈세상 밖 어디든〉(2000)은 일본 애니메이션 〈공각기동대(Ghost in the Shell)〉의 원작자 시로 마사무네의 작품에서 제목을 차용했다. AI가 만든 목소리에 감성적인 요소를 부여하기 위해, 작가가 만든 캐릭터 '앤 리(Ann Lee, 1999)'의 언어 '∂A'를 학습한 목소리는 배우 배두나와의 협업을 통해 구현되었는데, 얼핏 듣기엔 익숙한 언어처럼 느껴지지만 그 의미는 이해되지 않는다.

작동하는 공간, 반응하는 예술

M2 전시 공간에는 정보, 상호작용성, 동적 요소를 강조하며 작가가 표현하고자 하는 주제와 개념을 반영한 다양한 시기의 작품들을 전시했다. 관람객은 빛으로 채색된 몽환적 공간 속에서 〈내 방은 또 다른 어항〉(2022), 〈리얼리티 파크의 눈사람〉(1995~2024), 〈눈더미〉

(2013~2024), 〈여름 없는 한 해〉(2024)와 마주하게 된다. 이 작품들은 아날로그적 소재와 공학이 융합된 하이브리드 공간을 구성하며, 기술과 물질, 환경과 데이터가 유기적으로 연결되는 방식을 시각적으로 보여 준다.

파레노는 첨단 기술과 전통적 재료 사이의 조화를 탐구하며, "이 모든 것은 서로 다른 존재나 상황과 상호작용하는 하나의 센서"라고 설명한다(김금영, 2024). 특히 주황색 인공 눈으로 인해 필자의 눈과 귀를 한순간에 사로잡았던 〈여름 없는 한 해〉는 '막'이 수집한 데이터를 소리로 변환하고, 이를 전자 센서와 연동해서, 피아노가 원격으로 자동 연주하도록 설계되었다.

빛, 소리, 감정으로 연결된 유기적 공간

그라운드 갤러리는 전시물들이 스스로 살아 숨을 쉬는 듯한 인상을 준다. 작품들은 조용히 깜빡이거나 리듬을 따라 움직이고, 공간을 가득 채우는 소리를 발산하며 관람객의 감각을 자극한다. 이들은 단순한 조형물이 아니라, 센서와 알고리즘, 데이터가 유기적으로 결합된 하나의 '디지털 장치(Digital Apparatus)'로 작동한다(이보아 외, 2025). 이 장치는 전시장 내부에서 끊임없이 변화하는 정보에 반응하며, 관람객과 오브제 사이에 새로운 관

계를 만들어 낸다.

그중에서도 〈차양〉(2014~2023) 연작은 파레노의 독창성이 잘 드러난 작품이다. 이 작품은 관람객이 스크린에 투사된 영화 장면이나 줄거리보다, 빛을 통해 나타나는 시공간의 흐름에 주목하도록 유도한다. 파레노는 전통적인 극장 간판의 구조에서 영화 제목 같은 정보를 제거하고, 오직 할로겐 조명과 그 빛을 받아내는 차양 표면만을 남겼다. 이러한 설정은 관람객의 시선을 이야기에서 빛의 감각으로 전환한다. 파레노의 의도에 따라, 관람객은 특정한 이야기를 따라가는 대신, 빛이 만들어 내는 분위기와 변화를 감각적으로 느끼며 공간에 몰입하게 된다.

이 빛은 고정된 것이 아니다. '막'이 외부로부터 수집한 기온, 소음, 습도, 공기 흐름 등의 데이터를 바탕으로 실시간으로 변화한다. 조명의 색, 밝기, 깜빡이는 속도는 끊임없이 조정되며, 전시장은 그에 따라 매 순간 다른 분위기를 만들어 낸다. 관람객은 이러한 감각적 환경 속에서 단순히 작품을 '감상'하는 것을 넘어, 변화하는 전시의 일부로서 동시에 직접 참여하고 반응하는 존재가 된다.

참고문헌

김금영(2024.3.20). 살아 있는 유기체로 변하는 시간: 리움미술관, 필립 파레노 대규모 개인전 '보이스(VOICES)'. 《문화경제》. https://weekly.cnbnews.com/news/article_print.html?no=159069

오윤정(2012). 필립 파레노의 전시 행위에 나타난 다중 시간성 연구. 중앙대학교대학원 석사학위논문.

움베르또 마뚜라나 & 프란시스코 바렐라(2007). 《앎의 나무: 인간 인지능력의 생물학적 뿌리》. 최호영 옮김. 갈무리.

유원준(2024). 객체들의 상호작용에 의한 예술 작품 연구: 인공지능 및 비인간 주체의 예술 창작을 중심으로. 《현대미술학논문집》, 28(1), 85~110쪽.

이경은 외(2024). 미술관 전시 공간과 감상자 간의 상호작용에 대한 질적 사례연구: 필립 파레노의 〈보이스〉 전을 중심으로. 《조형교육》, 91, 199~225쪽.

이보아 외(2025). 다감각 · 다층적 설치 미술 전시의 관람객 참여: 리움의 〈Voices〉 사례 분석. 《한국컴퓨터정보학회논문지》, 30(4), 41~53쪽.

이홍원(2024). 동시대 미술에서 디지털 아파라투스의 근거로서 객체 – 지향 존재론 재고 – 필립 파레노(Philippe Parreno) 〈Voices〉 전시의 융합예술작품 사례연구. 《한국과학예술융합학회》, 42(4), 437~449쪽.

정현(2024). 필립 파레노: 페르소나의 예술, 내 방은 또 다른 어항. 《Art in Culture》, 82~95쪽.

정현주(2024). 움베르또 마뚜라나의 실증적 인식론 고찰: 자기생성이론의 기본가정 연구. 《인문학연구》, 41, 27~51쪽.

진휘연(2024). 필립 파레노 개인전 VOICES. 《월간미술》, 471, 126~131쪽

한국박물관협회(2024.2.27). 리움미술관: 보이스 VOICES. Museum News. https://museumnews.kr/350ex01/

Leeum(2024.2.26). Leeum Museum of art presents VOICES, a solo exhibition of Philippe Parreno. https://www.leeumhoam.org/leeum/info/news/25

Saba, C.(2020). Self-operating machines in the art practice of Philippe Parreno. *Imago: studi di cinema e media, 22*(2), pp.149~168.

Smith, O.(2022). Exhibition as cinema, cinema as exhibition: Philippe Parreno and the moving image in the museum. *Moving image review & art journal, 11*(1), pp.34~53.

08
AI와 함께 큐레이팅하는 미술관

AI는 이제 단순한 정보 처리 도구를 넘어, 예술과 문화의 생산 · 유통 · 해석 방식에 관여하는 창의적 협력자로 부상한다. 특히 미술관 큐레이션 영역에서 AI는 전시 기획과 관람 경험 설계 등에서 휴먼-큐레이터의 사고를 보완 · 확장하는 동반자로 떠오르고 있다. 이 장에서는 AI와 큐레이션이 어떻게 협업하고 있으며, 그로 인해 미술관이 어떻게 진화하고 있는지를 살펴본다.

AI와 한의학?

AI와 큐레이팅의 만남: 예술 탐색의 새로운 지평

AI는 미술관 큐레이션 영역에서 빠르게 영향력을 확대하고 있다. 예컨대, 방대한 예술 작품 데이터를 분석하여 관람객의 취향에 맞는 작품을 추천하거나, 특정 전시 주제에 부합하는 작품을 선별하는 데 활용된다. 또한 관람객의 이동 동선, 체류 시간, 관심도 등의 행동 데이터를 기반으로 전시 공간의 배치와 순서를 최적화하거나, 몰입형 인터랙티브 콘텐츠를 설계하는 데에도 AI가 효과적으로 활용된다. 이처럼 큐레이터의 기획 역량을 보완하는 도구로서 AI의 중요성이 점차 증대되고 있으며, 향후에는 큐레이션 방식 자체를 재구성하는 전환점이 될 수 있을 것으로 전망한다.

미술관 큐레이팅 기능에 AI를 도입하는 것은 큐레이터의 전문성과 창의성을 대체하기 위한 것이 아니다. 오히려 그것은 큐레이터의 사고와 기획을 보완 및 확장하는 '협력자'로 자리매김한다. 알고리즘은 데이터에 기반한 분석과 추천을 수행하며, 큐레이터는 예술적 직관과 맥락적 해석을 통해 전시의 의미를 구성한다. 이 둘의 조합은 보다 개인화되고 몰입적인 관람 경험을 창출하는 동력으로 작용한다. 궁극적으로 AI와 큐레이션의 결합

은 전시 기획과 예술 감상의 방식을 혁신하는 새로운 전환점을 제공한다. 관람객은 AI의 도움을 통해 자신의 관심사와 감성에 맞는 작품을 발견하고, 더 깊이 있는 예술 해석의 여정을 경험할 수 있다.

나셔미술관의 "마치 당신이 큐레이터인 것처럼" 프로젝트와 AI의 창의성 실험

2023년, 미국 듀크대학교(Duke University) 산하 나셔 미술관은 전례 없는 실험적 전시를 선보였다. 〈마치 당신이 큐레이터인 것처럼: AI가 생성한 전시(Act as if you are a curator: an AI-generated exhibition)〉(2023.8.24~2024.1.14)는 전시 기획 전 과정에 AI 언어 모델인 챗지피티가 활용되었다. 부연하면, 이 전시는 AI가 큐레이터의 역할을 맡아 전시 주제를 제안하고, 소장품 중 작품을 선별하고, 작품 설명문까지 작성한 실험에 해당한다. 이는 대형 미술관으로서는 최초로 AI가 주도적으로 전시를 '기획한' 프로젝트라는 점에서 국내외 미술계에 강한 인상을 남겼다(Nasher Museum of Art, 2023; Dafoe, 2023).

이 전시 프로젝트는 "당신이 큐레이터라면 어떻게 전시를 구성하겠는가?"라는 프롬프트에서 출발했다. 챗지

피티는 나셔미술관의 소장품 목록과 메타데이터를 기반으로 전시 제목, 주제, 선정 기준, 작품 간 연결 서사, 심지어 큐레이터의 의도를 설명하는 텍스트까지 만들어냈다. 전시명은 이 실험의 메타적 특성을 그대로 드러낸다. 전시를 위해 선정된 작품에는 도널드 저드(Donald Judd), 캐리 제임스 마셜(Kerry James Marshall), 로버트 라우센버그(Robert Rauschenberg) 등 나셔미술관이 보유한 주요 작가들의 작품이 포함되었다(Dafoe, 2023). 또한 AI는 이들 작가의 작품을 하나의 전시 주제 아래 자연스럽게 연결하기 위해, 작품 간의 개념적 흐름을 제시하고 각각에 대한 설명문을 작성했다(Vertices, 2024).

나셔미술관 팀은 전시 기획 과정에서 단순히 AI가 무엇을 할 수 있는지를 실험한 것이 아니라, AI가 얼마나 큐레이터처럼 '사유하고' '연결하고' '의미를 구성할 수 있는가'를 검증하고자 했다. 이에 따라 휴먼-큐레이터는 AI가 제안한 내용을 그대로 실행에 옮기기보다 그 결과물을 가다듬고 조율하는 과정에서, AI의 공동 기획자로 기능했다. 예컨대 일부 작품은 물리적 크기나 전시 공간 배치상의 문제로 인해 교체되거나 재구성되었다(Nasher Museum of Art, 2023; Vertices, 2024).

〈마치 당신이 큐레이터인 것처럼〉은 AI의 '창의성'과

'비판적 감각'이 어디까지 가능한지를 묻는 실험이었다. 듀크대학교 학생 기자단이 전시에 대해 분석한 바에 의하면, AI는 작가의 사회 · 문화적 맥락이나 정치적 함의를 반영하는 데 한계를 드러냈고, 설명문의 감성적 깊이나 서사적 흐름은 휴먼-큐레이터에 비해 다소 얕은 수준에 머물렀다. 그러나 작품 간의 형식적 유사성이나 키워드 기반의 주제 연결 능력은 놀라운 수준이었다는 평가를 받았다. 실제 다수의 관람객이 AI가 큐레이터였다는 사실을 인지하지 못한 채 전시를 관람했으며, 그 결과물을 자연스럽게 받아들였다는 점은 주목할 만하다.

궁극적으로 〈마치 당신이 큐레이터인 것처럼〉은 단지 전시 한 편의 실험을 넘어서, AI가 큐레이션을 통해 어떻게 새로운 미학적 실천을 가능하게 할 수 있는가를 묻는 탐구로 평가될 수 있다. 전시의 기획 방식은 인간의 직관, 감성, 맥락 해석력과 AI의 데이터 분석 능력, 연결성 제안 능력 사이의 하이브리드 큐레이션 모델을 실험한 것이며, 이는 향후 큐레이션 실천에 대한 패러다임 전환의 실마리를 제공한다. 특히 전시에서 드러난 것처럼, AI는 큐레이터를 대체하기보다는 새로운 협력자로서, '기획의 사유 과정'을 보완하고 확장하는 역할을 수행할 수 있다(Merritt, 2023).

이 전시는 향후 큐레이션 영역에서 AI가 '보조자'를 넘어, 의미 생성의 파트너로 기능할 수 있는 가능성과 한계를 동시에 보여 준 대표적 사례로 기록될 것이다. 기술이 기획의 주체가 되었을 때, 인간의 해석력은 어떤 역할을 할 수 있을까? 그리고 우리는 '전시를 만든다'는 행위에 어떤 의미를 부여할 수 있을까? 나셔미술관은 이러한 질문을 실제 공간에서 실현하며, AI와 예술 사이의 새로운 대화를 이끌어 냈다.

알고리즘 기반 온라인 전시 〈쿤스트(리_퍼블릭)]〉

틸만 옴(Tillmann Ohm)이 큐레이션한 〈쿤스트(리_퍼블릭)[KUNST(re_public)]〉은 넘버배치(Numberbatch)를 기반으로, 참여 작가들이 제공한 키워드 간의 의미론적 유사도를 수치화하고, 이를 알고리즘으로 시각화함으로써, 예술 작품 간의 개념적 관계망을 드러낸 실험적 온라인 전시다.

넘버배치는 매사추세츠공과대학교(MIT)의 콘셉트넷(ConceptNet) 팀이 개발한 단어 임베딩 모델(Word Embedding Model)이다. 이 모델은 전통적인 주변 단어 기반의 통계적 언어 모델들과 달리, 지식 그래프 기반의

개념 연결성과 의미론적 관계를 통합하여 보다 정교한 의미 유사성 연산이 가능한 것이 특징이다(Speer et al., 2017). 예컨대 '자유(Freedom)', '해방(Liberation)', '시민권(Civil Rights)'과 같이 표면적으로 상이한 단어들도 넘버배치는 이들이 공유하는 사회적 의미군을 인식해서 동일한 개념 벡터 공간에 위치한다.

이러한 모델을 활용한 〈쿤스트(리_퍼블릭)〉 전시는 기존의 주제 중심, 작가 중심, 연대기 중심의 전시 구성과는 달리, '개념적 연결성'을 중심으로 큐레이션이 이루어진다는 점에서 매우 혁신적이다(Ohm, 2022). 참여 작가들이 제시한 키워드를 기반으로, 알고리즘은 키워드 간 코사인 유사도를 분석해 연관성이 높은 단어들을 중심 주제인 '사회(Gesellschaft)'를 중심으로 클러스터화했다. 이 과정에서 특정 키워드를 기준으로 관련 키워드를 반복적으로 확장하고, 그에 가장 적합한 예술 작품을 자동으로 선택함으로써 데이터 기반의 주제 흐름을 구성했다.

이 전시는 단순한 개념적 실험에 그치지 않고, 실제 전시실에 네트워크 시각화 알고리즘(ForceAtlas2)을 적용해서 주제 간 거리, 의미적 맥락, 공간 동선 등을 반영한 배치를 실현했다. 세 개의 주제 커뮤니티로 나누어진 전

시는 키워드 중심의 시각적 경험을 제공하며, 관람객이 각 키워드의 맥락과 그에 대응하는 작품의 의미를 능동적으로 탐색하도록 유도했다.

〈쿤스트(리_퍼블릭)〉은 단순한 기술 실험을 넘어, 알고리즘과 인간 큐레이터가 협업하여 서사적 전시 흐름을 구축한 사례로 평가된다. 알고리즘은 작품 간 숨겨진 개념 연결망을 도출하는 역할을 수행하고, 큐레이터는 이를 바탕으로 전시의 스토리텔링과 공간 구성을 조정한다. 이처럼 알고리즘 기반 전시 제작(Algorithmic Exhibition-Making)은 데이터 기반 큐레이션의 실제 적용 가능성을 입증한 초기 사례로, 향후 디지털 큐레이션 시스템 설계에 중요한 시사점을 제공한다.

엑스큐레이터

엑스큐레이터(xCurator)는 독일의 바디셔스주립박물관(Badisches Landesmuseum Karlsruhe)과 네덜란드의 알라르트 피어슨박물관(Allard Pierson Museum)이 공동으로 개발하고, 존야 틸(Sonja Thiel)과 에티엔 포스트휴머스(Etienne Posthumus)가 기획한 AI 기반 큐레이션 도구다. 이 프로젝트는 디지털 컬렉션의 접근성과 해석 가능성을 혁신적으로 확장하기 위한 목적으로 착수되었

다(Thiel & Posthumus, 2023). 또한 이 프로젝트는 특히 방대한 메타데이터를 보유한 박물관의 디지털 아카이브에 사용자들이 보다 능동적으로 접근하고, 작품 간 관계를 자율적으로 탐색하며, 자신의 관심 주제에 따라 큐레이션을 구성할 수 있도록 설계되었다.

이 플랫폼은 사용자의 탐색과 큐레이션을 지원하기 위해 여러 기능을 탑재하고 있다. 사용자는 키워드나 특정 유물에서 출발하여 연관성 있는 다른 유물들을 AI의 추천을 통해 탐색할 수 있으며, 시각 기반의 인터페이스와 다국어 번역 시스템, 텍스트 자동 생성 도구 등의 기능을 통해 보다 직관적으로 큐레이션을 구성할 수 있다(Thiel & Posthumus, 2023). 특히, 사용자가 선택한 유물들을 연결하여 스토리보드를 만들고, 이를 바탕으로 전시를 구성하는 기능은 교육 및 연구 목적에서도 매우 유용하게 작용한다.

엑스큐레이터의 베타 버전은 현재 공식 웹사이트(xcurator.landesmuseum.de)에서 체험할 수 있으며, 이 웹사이트를 통해 사용자는 다양한 소장품을 탐색하고, AI와 상호작용하며, 자신만의 큐레이션을 시도해 볼 수 있다. 이 도구는 디지털 큐레이션의 민주화와 사용자 중심 큐레이션(User-Centered Curation)의 대표적인 사

례로 평가된다. 특히 AI는 추천 시스템 이상의 역할을 하며, 사용자가 맥락적 연결을 시도하고 의미를 구성할 수 있도록 도와주는 '지적 파트너'로 기능한다. 궁극적으로 엑스큐레이터는 박물관을 단순한 '전시 공간'이 아닌, 디지털 문화 생산의 플랫폼으로 진화하는 핵심적 기획 도구로 자리매김한다.

참고문헌

Dafoe, T.(2023.9.18). The Nasher Museum's new art show was curated by ChatGPT. We asked ChatGPT to review it. Artnet News.
https://news.artnet.com/art-world/nasher-museum-chatgpt-ai-generated-exhibition-2364322

Merritt, E.(2023.11.28). Curatorial Chatbot: An experiment with AI at the Nasher Museum of Art. Center for the future of museums blog.
https://www.aam-us.org/2023/11/28/curatorial-chatbot-an-experiment-with-ai-at-the-nasher-museum-of-art/

Nasher Museum of Art(2023.8.21). Act as if you are a curator: An AI-generated exhibition.
https://nasher.duke.edu/exhibitions/act-as-if-you-are-a-curator-an-ai-generated-exhibition/

Ohm, T.(2022). Algorithmic exhibition-making: Curating with networks and word embeddings. In Thiel, S. & Bernhardt, J. C.(eds.). *AI in museums: Reflections, perspectives and applications*, pp.209~216. Transcript Verlag.

Speer, R., et al.(2017). ConceptNet 5.5: An open multilingual graph of general knowledge. *Proceedings of the Thirty-First AAAI conference on Artificial Intelligence*, *31*(1), pp.4444~4451.

Thiel, S. & Posthumus, E.(2023). xCurator: AI-Supported exploration and curation of digital collections. In Thiel, S. & Bernhardt, J. C.(eds.). *AI in museums: Reflections, perspectives and applications*, pp.233~244. Transcript Verlag.

Vertices(2024.2.7). Computer curators: Exploring the Nasher's AI curated exhibit. https://www.dukevertices.org/blog/computer-curators-exploring-the-nashers-ai-curated-exhibit

09
관람객의 데이터를 읽어 주는 AI

디지털 기술의 발전과 함께 미술관은 더 이상 단순한 전시 공간에 머무르지 않는다. AI는 관람객의 데이터를 분석하고 해석하는 '두 번째 눈'이 되어, 보다 맞춤형이고 예측 가능한 관람 경험을 제공한다. AI가 관람객의 반응과 행태를 어떻게 읽고, 이를 미술관 운영과 전시 전략에 어떻게 반영하는지를 살펴본다.

AI와 화장품?

AI는 단순한 기계적 분석을 넘어, 관람객의 행동과 반응을 실시간으로 해석하고 예측하는 '지능적 협력자'로 진화하고 있다. 세계 유수의 박물관들은 관람객의 이동 동선, 체류 시간, 관심도, 구매 행동 등 수많은 데이터를 AI 기술로 분석함으로써, 보다 정교한 전시 전략을 수립하고, 관람객 중심의 운영 체계를 강화하고 있다. 이 장에서는 AI가 관람객 데이터를 어떻게 '읽고', 이를 통해 어떤 방식으로 미술관 환경을 혁신해 가고 있는지를 영국 국립박물관과 국립미술관의 사례를 중심으로 살펴본다.

영국국립미술관 x 덱시빗: 전시 시뮬레이션에서 관람객 예측까지

영국국립미술관(National Gallery)은 매년 약 100만 명에 이르는 관람객 데이터를 축적하고 있으며, 관람객당 수천 개에 이르는 데이터 포인트(Data Point)가 기록된다. 이처럼 방대한 데이터를 활용해 관람객의 행동을 분석하고, 기획 전시에 대한 수요를 사전에 예측하는 것은 미술관이 직면한 가장 핵심적인 과제 중 하나였다.

이를 해결하기 위해 국립미술관은 뉴질랜드의 데이터 분석 기업 덱시빗(Dexibit)과 협력하여, 미술관 내부의 데이터를 비롯해 와이파이 접속 정보, 웹사이트 방문 기

록, 영국통계청(Office for National Statistics)의 관광 지표 등 다양한 외부 공공 데이터까지 통합 분석하는 프로젝트를 추진했다(Rosemary, 2025).

덱시빗은 스마트폰의 미디어 접근 제어 주소(Media Access Control, MAC)를 비식별화하여 수집한 데이터를 바탕으로 관람객의 실시간 위치, 체류 시간, 이동 경로, 카페 이용 여부, 뮤지엄 숍 이용 등 다차원적인 행동 정보를 분석했다.

이 분석은 아마존 웹 서비스(Amazon Web Service, AWS)와 마이크로소프트 플랫폼을 활용한 클라우드 기반 소프트웨어를 통해 이뤄졌으며, 관람객 행동을 시각화한 맞춤형 대시보드로 제공되었다. 이 대시보드는 자동화된 시각화 및 보고 기능으로 활용되었으며, 미술관 운영진 측면에서는 실시간 의사 결정에 필요한 정제된 정보를 제공하는 '데이터 콘시어지(Data Concierge)' 역할을 했다(Microsoft, 2017).

특히 덱시빗은 2018년부터 국립미술관의 데이터와 인사이트 팀(Data and Insights Team)과 협력해 머신러닝(Machine Learning, ML)과 통제 가능한 가설 검증 방식을 결합한 시나리오 기반 예측 시스템을 운영하고 있다. 이들은 전시 개최 12~18개월 전 잠재 관람객 수를

예측하는 '전시 관람객 시뮬레이션(Dexibit, n.d.-a)'을 통해, 전시 주제, 예술 사조, 작가 인지도, 전시장 위치, 예산, 마케팅 전략, 입장료 등 다양한 요소를 반영한 예측 모델을 개발했다(Dexibit, n.d.-b).

이와 같은 시스템은 영국을 넘어 뉴질랜드의 운송 및 기술박물관(MOTAT), 테 파파 통가레와 박물관(Museum of New Zealand Te Papa Tongarewa), 미국의 스미스소니언연구소 산하 박물관 등에서 덱시빗의 시스템이 도입되었다. 특히 테 파파 통가레와 박물관의 경우에는 덱시빗의 관람객 예측 정확도가 90%에 달했다. 덱시빗의 설립자 앤지 저지(Angie Judge)는 이 프로젝트를 통해 박물관 운영 전략에서 AI 기반의 데이터 분석이 어떻게 예측 가능성과 창의성을 동시에 실현할 수 있는지를 입증했다(Strang, 2017). 또한 팬데믹 시기에도 관람객 유입 감소를 고려한 시나리오 예측을 제공하여 기관들의 위기 대응 전략 수립에 기여했으며, 덱시빗은 현재 박물관뿐 아니라 도서관, 유적지, 동물원, 공연 예술 기관 등으로 시스템의 적용 범위를 확대하고 있다.

영국국립박물관 x 마이크로소프트: 정성적 리뷰와 행동 데이터의 융합

영국의 국립박물관(British Museum)은 관람객의 감정과 생각, 만족도까지 분석하는 방법으로 AI를 활용하고 있다. 특히 2016년부터 마이크로소프트와 협력하여 소셜미디어 기반의 피드백을 수집 · 분석하는 시스템을 운영하고 있다(Merritt, 2023).

이 시스템은 관람객이 트립어드바이저(TripAdvisor) 같은 여행 후기 플랫폼에 남긴 수천 건의 자유 서술형 리뷰를 AI가 학습하고, 그 속에 담긴 정서, 불만 사항, 긍정적 경험 등을 기법으로 분류해서 분석한다. 예를 들어, '혼잡하다', '감동적이다', '길을 잃기 쉽다'와 같은 문장은 자동으로 감정군으로 나뉘고, 이를 통해 박물관은 어떤 전시가 호응을 얻었고, 어떤 공간이 개선이 필요한지를 파악할 수 있다.

트립어드바이저는 세계 최대 규모의 여행 후기 사이트로, 사용자들이 자발적으로 남긴 생생한 목소리를 통해 박물관의 운영 품질을 간접적으로 측정할 수 있는 귀중한 창구다. 이 데이터를 분석한 결과, 영어권 관람객은 혼잡도와 동선의 편리성에 민감하게 반응했고, 비영어권 관람객은 오디오 가이드와 언어 지원 서비스에 높

은 만족을 표현한 것으로 나타났다(Alexander et al., 2018).

또한 박물관은 내부 와이파이 데이터를 기반으로 한 체류 시간 분석도 병행하고 있다. 어떤 공간에서 사람들이 가장 오래 머무는지, 어떤 전시실이 혼잡한지를 시각화하여, 다음 전시에서는 공간을 어떻게 배분할지, 관람 흐름을 어떻게 설계할지 등을 예측 가능하게 만들고 있다(Barrat, n.d.).

영국국립박물관은 단지 데이터를 수집하는 것을 넘어서, AI를 활용해 의미를 해석하고 반영하는 전략적 큐레이션을 지향한다. 예를 들어, 특정 전시에 대한 부정적 리뷰가 많을 경우, 큐레이터는 전시 설명을 보완하거나 작품 배치 순서를 바꾸는 등 즉각적인 대응을 할 수 있다. 또한 다문화 관람객을 고려해 언어 서비스 강화, 인터랙티브 콘텐츠 확대, 관람 시간 유연화 등의 맞춤 전략을 도입하고 있다. 결과적으로 이 실험은 AI가 단순히 숫자나 그래프만을 다루는 것이 아니라, 관람객이 어떤 감정과 경험을 통해 박물관을 기억하는지를 이해하고 반영하는 도구로서 기능할 수 있다는 점을 보여 준다.

특히 이 분석 프로젝트에서 핵심적인 역할을 수행한 것은 국립박물관의 관람객 인사이트 팀과 디지털 분석

부서였다. 데이터 분석 팀은 방대한 텍스트 리뷰 데이터를 분류하고 분석하기 위해 비교적 간단한 ML 알고리즘을 적용했다. 이들은 자동 태깅 시스템을 통해 리뷰에서 관람 만족도에 영향을 미치는 요인을 식별하고, 서로 다른 요인 간의 상관관계를 밝혀냈다(Microsoft, 2017).

또한 자연어 처리(Natural Language Processing, NLP) 기술을 적용하여 단어 간 의미론적 유사성을 분석하고, 이를 통해 소장품, 박물관 규모, 이집트 전시, 무료 입장, 오디오 가이드, 문화재 반환 등 관람객의 주요 관심사를 클러스터링했다. 특히 리뷰 내 감정 표현과 단어 빈도 분석을 통해 언어권에 따른 관람객의 특성도 도출할 수 있었다. 예를 들어, 프랑스어권 관람객은 가족 단위 방문이 많았고, 비영어권 관람객은 오디오 가이드에 높은 의존도를 보였다. 영어권 관람객은 관람객 밀집도와 동선 편의성을 주요 평가 요인으로 삼는 경향이 두드러졌다(Carlsson, 2020).

이와 같은 ML 기반의 인사이트는 단지 데이터 분석을 넘어서, 실제 정책 및 서비스 전략 수립에 반영되었다. 박물관 내부에서는 이 데이터를 바탕으로 다국어 모바일 애플리케이션을 개발하고, 언어권별 안내 서비스, 오디오 가이드 콘텐츠, 공간 배치, 뮤지엄 숍 상품 구성, 전

시 기간 및 개장 시간 조정 등의 다양한 조치를 실행했다. 이는 박물관이 관람객 데이터를 수집하는 수준을 넘어, 데이터 기반 의사 결정 문화를 적극 도입했음을 보여주는 사례에 해당한다(Carlsson, 2020; Ingleton, 2017).

특히 국립박물관은 마이크로소프트와의 협업을 통해 수집된 와이파이, 웹사이트, 소셜미디어, 모바일 앱, 오디오 가이드 데이터 등을 통합해 250개 이상의 데이터 소스를 연결하는 데이터 파이프라인을 구축했고, 마이크로소프트의 애저와 비즈니스 인텔리전스 도구에 해당하는 파워 BI(Power BI)를 기반으로 대시보드를 제작했다. 이 대시보드는 실시간으로 관람객의 언어, 위치, 체류 시간 등을 시각화해 부서 간 공유되었으며, 운영 전략의 중심 도구로 자리 잡았다.

참고문헌

Alexander, V. D., et al.(2018). TripAdvisor reviews of London museums: A new approach to understanding visitors. *Museum International*, 70(1-2), pp.154~165.

Barrat, G.(Host).(n.d.). *How the British Museum uses technology to breathe new life into the world's heritage* [Audio podcast episode]. In Tech Reimagined. Endava. https://www.endava.com/insights/podcasts/tech-reimagined/how-the-british-museum-uses-technology-to-breath

e-new-life-into-the-worlds-heritage
Carlsson, R.(2020.3.15). Big data and museums. MuseumNext. https://www.museumnext.com/article/big-data-and-museums/
Cuau, C. & Pim, H.(2018.3.6). Insights for the British Museum: learning from TripAdvisor reviews. *Museum-iD.* https://museum-id.com/invisible-insights-learning-from-tripadvisor-reviews/
Dexibit(n.d.-a). The Ultimate Guide to Managing Visitation and Attendance. https://dexibit.com/resources/visitation/
Dexibit(n.d.-b). Forecast. https://dexibit.com/forecasts/
Ingleton, C.(2017.7.13). British Museum harnesses big data to analyze visitor trends. Technology Record, https://www.technologyrecord.com/article/british-museum-harnesses-big-data-to-analyse-visitor-trends
MuseumNext.(2024.12.14). Revolutionizing museums: How AI-driven data analysis is changing the game. https://www.museumnext.com/article/revolutionizing-museums-how-ai-driven-data-analysis-is-changing-the-game/
Nikolaou, P.(2024). Museums and the post-digital: Revisiting challenges in the digital transformation of museums. *Heritage, 7*(3), pp. 1784~1800.
Merritt, E.(2023.11.28). Curatorial chatbot: An experiment with AI at the Nasher Museum of Art. Center for the Future of Museums blog. https://www.aam-us.org/2023/11/28/curatorial-chatbot-an-experiment-with-ai-at-the-nasher-museum-of-art/
Microsoft(2017.7.4). The British Museum is using big data to help

visitors learn more about history.
https://news.microsoft.com/en-gb/2017/07/04/the-british-museum-is-using-big-data-to-help-visitors-learn-more-about-history/

Rosemary, F. T.(2025). Leveraging Artificial Intelligence and data analytics for enhancing museum experiences: Exploring historical narratives, visitor engagement, and digital transformation in the Age of Innovation. *International research journal of modernization in engineering technology and science, 7*(1), pp.4221~4236.

Strang, E. (2017, August). Meet the New Zealand data company revolutionising the museum industry. Idealog.
https://idealog.co.nz/tech/2017/08/meet-new-zealand-data-company-revolutionising-museum-industry

10
AI 도슨트

AI와 로봇 기술은 이제 미술관의 안내자나 보조자 역할을 넘어, 관람객과 상호작용하고 예술 경험을 새롭게 구성하는 디지털 존재로 진화하고 있다. 특히 팬데믹, 고령화, 장애인의 접근권 보장 등 다양한 사회적 요구에 대응하여, 로봇은 물리적 제약을 뛰어넘는 몰입형 감상 경험을 제공하는 도구가 되었다. 도슨트 로봇들이 미술관 전시 공간에서 어떤 방식으로 예술과 관람객을 연결하는지를 살펴본다.

종교와 AI?

헤이스팅스현대미술관의 더블 로봇

2020년 코로나19 팬데믹으로 인해 전 세계 미술관과 박물관이 일시적으로 문을 닫으면서, 문화 기관들은 비대면 관람을 위한 새로운 디지털 전략을 마련해야 했다. 이 가운데 영국의 헤이스팅스현대미술관(Hastings Contemporary)은 '더블(Double)'이라는 텔레프레즌스(Telepresence) 로봇을 활용, 관람객의 실시간 참여와 원격 상호작용(Reyes-Cruz et al., 2023), 미술관에 대한 접근성 증진을 위한 하나의 설루션으로 실험적인 시스템을 도입했다(Hastings Contemporary, 2020).

더블 로봇은 본래 사회적 고립을 겪는 장애인을 위한 접근성 증진 목적으로 개발된 기술이다. 이 로봇은 두 개의 바퀴 위에 카메라와 화면이 장착되어 있으며, 원격 조종을 통해 미술관을 직접 돌아다닐 수 있도록 설계되었다. 이 로봇 기술은 예술 및 인문학 연구위원회(Arts and Humanities Research Council)가 주도한 '디자인 포 데이터(Designing for Data, D4D) 프로젝트'의 일환으로 출발했다. 이후 브리스톨로보틱스연구소(Bristol Robotics Lab), 장애인권리기관(Accentuate UK), 헤이스팅스현대미술관이 협력해서 미술관 투어용으로 로봇 기술을 고도화했다(Museums+Heritage Advisor, 2020).

로봇에 장착된 카메라는 미술 작품을 가까운 거리에서 촬영, 고해상도 영상을 실시간 전송해 주었다. 사용자는 마치 전시실에서 직접 작품을 바라보는 것과 같은 경험을 할 수 있었다. 특히 최대 5명까지 참여할 수 있는 '다자간 원격 감상 체험'을 선택한 경우에는 한 명의 사용자가 로봇을 원격으로 조종하며 전시 공간을 이동하고, 나머지 참가자들은 온라인으로 접속해 그 움직임을 함께 따라가며 작품을 감상하며, 사회적 상호작용을 나누었다(Kim et al., 2023).

이때 작품에 대한 설명이 함께 제공됨에 따라 작품에 대한 이해를 높일 수 있었다. 또한 큐레이터가 직접 온라인에 참여해 설명을 제공할 수도 있고, 참가자 간 자유로운 대화도 가능했다(Sayej, 2020).

특히 이 시스템은 단순한 온라인 이미지 열람이나 360도 가상 투어와는 차별화되었다. 사용자는 자신의 시선을 직접 제어할 수 있었으며, 작품과의 거리나 각도도 조정이 가능했다. 이는 구글 아트 앤드 컬처와 같은 기존의 정적 디지털 콘텐츠가 제공하지 못하는 몰입형 경험을 실현한다.

헤이스팅스현대미술관은 더블 로봇의 운영을 통해 이동이 어려운 고령층이나 장애인(Germak et al., 2015),

혹은 미술관 접근이 어려운 지역에 거주하는 사용자가 미술관 콘텐츠에 접근할 수 있는 새로운 장을 열었으며 (Noyes, 2020), 향후 이 로봇을 이용한 교육 및 장애인 전용 프로그램 확대를 추진 중이다. 헤이스팅스현대미술관의 원격 로봇 사례는 이러한 장치 및 서비스가 원격으로 예술을 경험하고 감상하는 방식을 변화시킬 수 있는 잠재력을 제시해 준다.

케브랑리박물관의 베렌슨 로봇

2016년 프랑스 파리의 케브랑리박물관(Musee du Quai Branly)은 〈페르소나, 이상할 만큼 인간적인(Persona, Etrangement Humain)〉 전시를 통해 '예술 감상 능력'을 가진 로봇 '베런슨(Berenson)'을 소개했다. 이 로봇은 단순한 가이드나 정보 제공용이 아닌, 인간의 '미적 판단'을 AI와 신경망 기반 아키텍처로 학습하고 표현하려는 실험적 시도였다. 이름은 예술 비평가 버나드 베런슨에서 따왔지만, 로봇의 핵심 목적은 인간의 감성적 판단을 로봇에게 이식할 수 있는지에 대한 탐구였다.

베런슨 로봇의 구조와 학습 방식

베런슨 로봇 본체는 로보소프트(Robosoft)의 로부랩

-10(RobuLAB-10) 플랫폼 위에 구축되었고(Moualla et al., 2018), 약 1.8미터 높이와 20kg의 무게를 가진 휴머노이드 형태로 설계되었다. 장애물 회피를 위한 적외선 센서, 초음파 레이저, 근접 센서, 레이저 거리 센서 외에도, 시야 내에 있는 예술 작품을 감지하는 카메라를 눈에 장착했다. 머리는 눈썹, 입, 기울기 등을 제어할 수 있는 9개의 자유도(DoF)를 갖췄다(Vidu et al., 2021).

감정 기반 인공적 선호도의 표현

이 로봇은 인간의 감정 반응을 학습하기 위해 생물학에서 영감을 받은 감각-운동 신경망 아키텍처인 지각-행동 모델(Perception-Action Model, PerAc)을 사용했다(Moualla et al., 2018). 이 아키텍처는 감각 정보와 반응 행동 간의 연관을 실시간으로 학습하며, 인지된 감정 자극에 따라 적절한 표정(웃음, 찡그림 등)을 생성하는 능력을 부여한다.

특히 감정 반응 데이터는 '프로메테(Promethe)'라는 신경망 시뮬레이터를 통해 시각화되었고, 초록색 원(긍정)과 빨간색 원(부정)으로 로봇의 감정 평가를 외부에 표시했다. 이는 로봇이 감정을 인지하고 학습할 수 있는 존재로 기능함을 보여 주는 설계였다.

관람객은 마우스 버튼을 이용해서 예술 작품에 대해 느낀 긍정 또는 부정적인 반응을 입력했고, 로봇은 이 데이터를 학습하여 각 작품에 감정적 가치를 부여했다. 이후 베런슨 로봇은 긍정적 평가를 받은 작품 쪽으로 다가가 웃으며 반응하고, 부정적 평가를 받은 작품에서는 멀어지는 회피 행동을 수행했다(Pangburn, 2016). 이러한 반응은 단순히 미리 입력된 명령을 수행하는 것이 아니라, 관람객의 감정 피드백을 바탕으로 학습된 '인공적 감성 시뮬레이션(Artificial Affective Simulation)'의 결과였다.

한 가지 흥미로운 점은, 베런슨이 학습을 반복하면서 예술 작품에 대해 고유한 선호도를 획득하게 되었다는 것이다(Karaouzene et al., 2012; Sieger, 2016). 연구팀은 실험 종료 후 로봇이 수집한 이미지와 감정 데이터를 오프라인에서 분석하여 4가지 감정 범주(긍정, 부정, 놀람, 중립)로 분류했다. 이때 동일한 작품에 대해 긍정·부정 반응이 모두 나타난 '놀람' 범주가 인상적이었으며, 이는 인간 반응의 복합성과 예술 해석의 다양성을 반영해 준다(Moualla et al., 2018).

박물관 환경에서의 가능성과 한계

베런슨 로봇은 예술적 감상이라는 복잡한 인지·감성 과정을 기술적으로 구현하고자 한 드문 사례다. 로봇은 관람객의 표정을 해석하고, 그 감정에 기반해 자신의 반응을 조정하면서 관람객과의 상호작용을 이어 갔다. 또한 로봇의 감정 표현은 단지 기계적 제스처가 아니라 학습에 기반한 인지 반응이라는 점에서 인간-로봇 상호작용의 새로운 지평을 제시했다.

물론 이 로봇이 비평적 사고나 예술에 대한 해석을 수행하는 것은 아니다. 하지만 이 프로젝트는 '기계가 감정과 미적 판단을 학습할 수 있는가'라는 중요한 질문을 박물관이라는 맥락 안에서 실험함으로써, AI가 예술 경험을 확장하는 데 어떻게 기여할 수 있는지를 보여 준 선례로 남는다.

스미스소니언의 페퍼 로봇

2018년, 미국의 스미스소니언연구소(Smithsonian Institution)는 일본 소프트뱅크 로보틱스(SoftBank Robotics)로부터 감정 인식이 가능한 인터랙티브 로봇 '페퍼(Pepper)'를 기증받아 박물관 안내를 위해 시범적으로 운영했다. 세계 최초의 감정 인식 휴머노이드로 알려진

페퍼는 키 1.2m의 바퀴 달린 로봇으로, 사람의 감정을 인식하고 제스처를 통해 반응하며 자연스러운 대화를 할 수 있는 기능을 갖췄다(Smithsonian Institution, 2018).

페퍼는 원래 프랑스의 알데바란 로보틱스(Aldebaran Robotics)가 개발한 로봇 '나오(Nao)'를 기반으로 만들어졌으며, 이후 소프트뱅크에 인수되어 정교한 인간-로봇 인터랙션이 가능하도록 감정 분석 알고리즘, 클라우드 기반 AI, 와이파이 연결 등을 갖춘 형태로 진화했다(EPNC, 2016). 페퍼의 가슴에는 LG CNS가 공급한 10.1인치 터치스크린이 탑재되어 있어 관람객과 1:1 소통이 가능하고, 셀카 촬영, 퀴즈 진행, 작품 설명 등 다양한 상호작용 기능을 수행할 수 있다(Allegra et al., 2018).

스미스소니언은 페퍼를 국립아프리카미술관(National Museum of African Art), 아프리카계 미국인 역사·문화박물관, 허시혼미술관 및 조각 정원(Hirshhorn Museum and Sculpture Garden) 등 다양한 장소에 배치했다(Smithsonian Institution, 2018). 예를 들어 국립아프리카미술관에서는 전시에 맞춰 스와힐리어 해석 기능이 제공되었고, 환경 연구 센터의 경우에는 지역 고등학생들이 페퍼를 활용한 프로그래밍 실습 프로그램을 운영했다(Dafoe, 2018).

페퍼는 단순한 전시 안내를 넘어, '박물관의 디지털 휴먼'으로서 관람객과의 자연스러운 상호작용을 통해 보다 몰입감 있는 관람 경험을 제공했다. 특히 사람의 연령, 성별, 표정 등을 인식하여 맞춤형 안내가 가능했으며, 텍스트 · 음성 · 영상 기반의 인터페이스는 다양한 학습 스타일을 지원했다(Draghici et al., 2022; Castellano et al., 2020).

또한 문화형 인간형 로봇 보조 시스템(Cultural hUManoid Assistant, CUMA) 프로젝트를 통해 페퍼는 더욱 정교한 역할을 수행하게 된다. 이 프로젝트는 페퍼가 관람객의 감정을 실시간으로 추적하여 지루함, 피로감, 흥미 등을 인식하고 전시 동선을 유연하게 조정하도록 설계되었다(Maniscalco et al., 2023; Maniscalco et al., 2024). 로봇은 박물관 지도와 사전에 지정된 랜드마크를 기반으로 최적 경로를 탐색하며, 각 전시물 앞에서 텍스트-투-스피치 기능으로 설명을 제공하고, 태블릿 화면에 멀티미디어 자료를 표시하는 멀티 모달 인터페이스를 갖추고 있다.

페퍼는 얼굴 인식, 감정 인식, 동시 위치 추정 및 지도 작성(Simultaneous Localization and Mapping, SLAM) 기반 내비게이션, 음성 피드백 수집 등의 기술을 통합했

으며, 일부 기능은 구글 음성 인식 응용 프로그래밍 인터페이스(Google Speech API) 등 클라우드 기반 서비스와 연동해 한계를 보완했다. 다만, 자연어 처리(Natural Language Processing, NLP) 측면에서는 제한이 있어 대화형 응답이 다소 반복적이고 단조로울 수 있다는 문제점이 지적되었다(Allegra et al., 2018).

결론적으로 페퍼는 박물관의 '휴머노이드 도슨트'로서, 전통적 안내 방식을 보완하고 관람객과의 정서적 유대와 몰입도, 관람에 대한 즐거움을 강화하는 역할을 수행했다. 기술적 한계에도 불구하고, 페퍼는 인간과 로봇이 협력해 전시 경험을 풍부하게 확장해 나가는 미래형 박물관 운영 모델의 가능성을 보여 주었다.

참고문헌

김평수(2016). 인간과 교감하는 감성로봇 관련 기술 및 개발 동향. *Information and communications magazine, 33*(8), pp. 19~27.

EPNC(2016.7.21). 소프트뱅크의 로봇, 휴머노이드 페퍼. https://www.epnc.co.kr/news/articleView.html?idxno=63877

Allegra, D., et al.(2018). Experiences in using the pepper robotic platform for museum assistance applications. *2018 25th IEEE international conference on image processing,*

pp.1033~1037.

Castellano, G., et al.(2020). Pepper4Museum: towards a human-like museum guide. *CEUR workshop proceedings*, 2687, pp.1~5.

Dafoe, T.(2018.4.27). The robots are coming (for your docents): Meet Pepper, the Smithsonian's new automated tour guide. Artnet News, https://news.artnet.com/art-world/smithsonian-introduced-interactive-robots-facilitate-viewers-experience-1274915

Draghici, B. G., et al.(2022). Development of a human service robot application using pepper robot as a museum guide. *2022 IEEE international conference on automation, quality and testing, robotics*, pp.1~5.

Germak, C., et al.(2015). Robots and cultural heritage: New museum experiences. *Journal of Science and Technology of the Arts*, 7(2), pp.47~57.

Hastings Contemporary(2020). Robot tours. https://www.hastingscontemporary.org/learning/

Karaouzene, A., et al.(2012). Artificial aesthetic: an interesting framework for epigenetic robotics. *2012 IEEE international conference on development and learning and epigenetic robotics*, pp.1~2.

Kim, J., et al.(2023). Holobot: Hologram based extended reality telepresence robot. *Companion of the 2023 ACM/IEEE international conference on human-robot interaction*, pp.60~64.

Maniscalco, M., et al.(2023). Pepper robot versus mobile apps: Enhancing museum visitor engagement through

human-robot interaction. *Journal of cultural heritage studies, 11*(2), pp.45~58.

Maniscalco, U., et al.(2024). Towards a more anthropomorphic interaction with robots in museum settings: An experimental study. *Robotics and autonomous systems, 171*, 104561. https://doi.org/10.1016/j.robot.2023.104561

Moualla, A., et al.(2018). Is it useful for a robot to visit a museum? The impact of cumulative learning on a robot population. Paladyn, *Journal of behavioral robotics, 9*(1), pp.374~390.

Munro, C.(2016.2.29). Meet Berenson, the robot art critic. Should art critics fear for their jobs?. Artnet News. https://news.artnet.com/art-world/robot-art-critic-berenson-436739

Museums + Heritage Advisor.(2020.4.16). Hastings Contemporary 'overwhelmed' by interest in robot tours. https://museumsandheritage.com/advisor/posts/hastings-contemporary-overwhelmed-by-interest-in-robot-tours/

Ng, M. K., et al.(2015). A cloud robotics system for telepresence enabling mobility impaired people to enjoy the whole museum experience. *2015 10th international conference on design & technology of integrated systems in Nanoscale Era*, pp.1~6.

Noyes, C.(2020.4.3). Hastings Contemporary Offering Robot Tours. Art & Object. https://www.artandobject.com/news/hastings-contemporary-offering-robot-tours

Pangburn, D. J.(2016.2.25). This dapper robot is an art critic. Vice. https://www.vice.com/en_us/article/aenq45/robot-art-cri

tic-berenson

Reyes-Cruz, G., et al.(2023). Augmented robotic telepresence: A prototype for enhancing remote interaction and participation. *Proceedings of the first international symposium on trustworthy autonomous systems*, pp.1~6.

Sayej, N.(2020.4.15). Meet the robots that may be coming to a museum near you. *The New York Times*. https://www.nytimes.com/2020/04/15/arts/museums-robots-coronavirus.html

Sieger, J.(2016.5.20). Berenson, the art critic robot. Tech 24. https://www.france24.com/en/20160521-tech-24-signaloud-vr-therapy-phobias-berenson-pixium-iris2

Smithsonian Institution(2018.4.24). Smithsonian launches pilot program of "Pepper" Robots: Softbank Robotics donates robots as part of significant gift, https://www.si.edu/newsdesk/releases/smithsonian-launches-pilot-program-pepper-robots

McDermott, I.(2020). Smithsonian's Pepper project: Programming a robot for museums. https://www.ian-mcd.com/pepper

Styx, L.(2024.5.12). How are museums using Artificial Intelligence?. MuseumNext. https://www.museumnext.com/article/artificial-intelligence-and-the-future-of-museums/

Museums+Heritage Advisor(2020.4.16). Hastings Contemporary 'overwhelmed' by interest in robot tours. Museums+Heritage Advisor. https://museumsandheritage.com/advisor/posts/hastings-contemporary-overwhelmed-by-interest-in-robot-tours/

Jones, R.(2020.5.7). Sir Quentin Blake does 'The Robot'. BBC. https://www.bbc.com/news/entertainment-arts-52556550

Vidu, C., et al.(2021). Old meets new: integrating Artificial Intelligence in museums' management practices. *Strategica. Shaping the future of business and economy*, pp.830~844.

이보아

중앙대학교 예술공학대학 교수다. 문화&예술 인텔리전스 연구실(Culture & Art Intelligence Lab)을 운영하면서 AI와 빅데이터 기반의 예술 작품 분석, 관람객 연구 등 미술관 정보학(Museum Informatics)에 대한 융합 연구를 수행하고 있다. 성균관대학교 문헌정보학과를 졸업하고, 동 대학원에서 미술학 석사학위를 받았다. 미국 뉴욕대학교(NYU)를 거쳐 플로리다주립대학교(FSU)에서 예술경영학 박사학위를 취득했다. 문화체육관광부, 문화재청, 국립중앙박물관, 한국문화콘텐츠진흥원 등의 자문위원으로, 그리고 현재 국립현대미술관 및 서울시립미술관 책임운영기관 평가위원으로 활동하고 있다. 주요 저서로 《박물관 경영과 마케팅》(2018), 《박물관 3.0과 소셜미디어》(2020), 《프랑스 박물관 정책과 관람객》(2020), 《아트테크 4.0》(2021) 등 30권이 있고 100편 이상의 논문을 국내외 전문 학술지에 게재했다. 현재 인문사회과학 커뮤니케이션 저널(Humanities and Social Sciences Communications)의 피어 리뷰 심사위원(Peer Reviewer), 시그래프 아시아 2025 아트 갤러리 위원회(SIGGRAPH Asia 2025 Art Gallery Committee) 위원으로 활동 중이다.

딱!
1시간에 끝내는 구약

딱! 1시간에 끝내는 구약

지은이 원 베네딕트
펴낸이 안용백
펴낸곳 (주)도서출판 넥서스

초판 1쇄 발행 2010년 6월 20일
초판 2쇄 발행 2010년 6월 25일

출판신고 1992년 4월 3일 제311-2002-2호
121-840 서울시 마포구 서교동 394-2
Tel (02)330-5500 Fax (02)330-5555

ISBN 978-89-6000-864-9 08230
978-89-6000-863-2 (세트)

www.nexusbook.com
넥서스CROSS는 (주)도서출판 넥서스의 기독 브랜드입니다.

맥을 잡는 1시간에 끝내는 구약

원 베네딕트 지음

넥서스CROSS

들어가는 글

많은 사람이 성경은 읽기 어렵고 이해하기 힘든 책이라고 생각한다. 또한 "성경은 하지 말라는 이야기만 있어서 읽기 부담스럽다"는 사람도 있다. 그래서 나는 성경이 얼마나 재미있고 유익한 책인지 이해시키기 위해 '딱! 1시간에 끝내는 성경 이해'를 시도하게 되었다. 3시간에 걸쳐 구약, 신구약 중간사, 신약을 공부하였는데 사람들의 반응은 뜨거웠다. 그들은 성경이 쉽고 재미있는 책이라는 것을, 많은 교훈을 얻을 수 있는 하나님의 말씀이라는 것을 깨닫고 감동스러워했다.

그러나 책으로 출판하기로 결정하면서 하나님의 말씀에 대한 이해와 묵상을 가볍게 여기는 것이 아닌가 하는 우려와 더불어 '딱! 1시간에 끝내는 성경 이해'가 또 하나의 출판 상술이 되지 않을까 하는 염려도 있었다. 하지만 젊은이 사역을 하는 나는 이 작은 책자가 성경 읽기를 어려워하는 사람들, 특히 젊은이들에게 도움이 되기를 원한다. 더 나아가 기독교에 관심을 가

지기 시작한 초신자들에게도 도움이 되길 원한다.

요즘 교회에 올 때 성경은 안 들고 오면서 휴대전화는 꼭 들고 오는 사람들이 있는데 하나님은 절대로 휴대전화로 응답하지 않으신다. 성경말씀을 통해 응답하신다. 아직도 성경책 없이 교회에 다니는 사람들이 있다면, 전쟁터에 무기 없이 싸우러 나가는 사람과 같다. 자기 성경책을 가지고 다니는 습관을 가진다면 어느 곳에서든지 하나님의 음성을 들을 수 있다.

> 이 율법책의 말씀을 늘 읽고 밤낮으로 그것을 공부하여, 이 율법책에 씌어진 대로, 모든 것을 성심껏 실천하여라. 그리하면 네가 가는 길이 순조로울 것이며, 네가 성공할 것이다(수 1:18, 표준새번역).

재미있는 식인종 이야기가 있다. 아프리카의 식인종이 선교

사의 전도를 통해 회심하게 되었고 신실한 그리스도인이 되었다. 어느 날 식인종이 성경을 읽고 있는데 지나가던 백인이 놀려대기 시작했다. 그러나 식인종은 상관하지 않고 열심히 성경을 읽었다. 그런데 백인은 포기하지 않고 계속해서 회심한 식인종을 놀렸다.

"식인종 주제에 성경이라니, 웃기네."

계속되는 놀림과 조롱을 듣고 있던 식인종은 더 이상 참지 못하고 백인을 향해 이렇게 이야기했다.

"야! 말씀이 내 안에 없었다면 네가 내 안에 있었을 거야."

물론 꾸며진 이야기지만 우리에게 많은 교훈을 준다. 교회를 열심히 다니는 것도 중요하지만 성경을 읽고 묵상하지 않으면 하나님의 뜻과 상관없이 살게 된다. 그러면 사람들과의 관계에서도 분노하고 원망하는 일이 생기게 된다. 하나님 말씀이 우리 안에 없으면 우리는 그분의 뜻과 인도하심이 아닌 내 방법과 내

힘으로밖에 살 수 없는 존재라는 것을 기억해야 한다.

일반적으로 우리가 들을 수 있는 음성은 4가지가 있다. 첫 번째는 나의 음성, 두 번째는 다른 사람의 음성, 세 번째는 사단의 음성, 네 번째는 하나님의 음성이다. 이 중에서 하나님의 음성을 듣기 원한다면 성경을 읽고 묵상하자. 그리하면 성경을 제대로 알 뿐만 아니라 어떤 일이든지 하나님의 뜻과 방법을 찾아서 결정할 수가 있다.

원 베네딕트

차례

04 들어가는 글

1장 하나님의 거룩한 가르침을 받다

율법서의 이해

13 하늘과 땅이 펼쳐지다 · 창세기 1~11장

21 믿음의 사람들 총출동 · 창세기 12~50장

28 파란만장한 모세의 인생 · 출애굽기

33 율법의 장(場)이 보인다 · 레위기, 민수기, 신명기

2장 스펙터클한 이스라엘의 역사가 보인다

역사서의 이해

41 도전정신을 개척하다 · 여호수아

43 하나님이 세우신 사람들 · 사사기

46 하나님이 원하신 사랑의 표본 · 룻기

48 회개할 때 회복된다 · 사무엘상하

51 하나님을 따른 왕들의 향연 · 열왕기상하

57 이스라엘아 회복하라 · 역대상하~에스더

딱! 1시간에 끝내는 구약

3장 하나님이 주신 교훈을 노래하다

시가서의 이해

65 인생의 교훈을 묻다 · 욥기

67 하나님의 위로를 받다 · 시편

69 인생의 성공을 묻다 · 잠언

71 인생의 철학을 묻다 · 전도서

73 하나님 사랑을 노래하다 · 아가

4장 하나님이 주신 진리를 외치다

예언서의 이해

79 하나님께서 구원하신다 · 이사야~다니엘

85 하나님의 심판과 희망을 말하다 · 호세아~말라기

구약

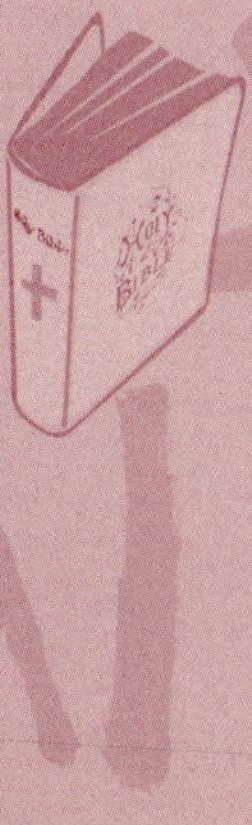

1장

—

하나님의 **거룩한 가르침**을 받다

율법서의 이해

창세기

출애굽기

레위기

민수기

신명기

성경은 구약과 신약으로 이루어져 있다. '구'는 'old', '신'은 'new'를 의미하며 공통으로 들어가는 약(Testament, Covenant)은 약속을 의미한다. 그리하여 예수님이 오시기 전을 구약(Old Covenant), 오신 후를 신약(New Covenant)이라 일컫는다. 구약은 인류 탄생부터 이스라엘의 건국과 멸망까지를 기록하고 있다. 또한 그 역사에 개입하시는 하나님의 섭리와 백성을 향한 하나님의 약속을 기록하고 있다. 구약은 〈창세기〉에서 〈말라기〉까지 역사 순이 아닌 39권을 종류별로 엮은 것이다. 그리하여 율법서와 역사서, 시가서, 예언서로 나뉜다.

일반적으로 학자들은 이스라엘의 역사를 이야기할 때 아브라함부터 시작한다. 그러나 〈창세기〉를 보면 아브라함부터 시작하는 것이 아니라 하나님의 천지창조부터 시작하는 것을 알 수 있다. 바로 하나님께서 창조하신 그때부터 역사가 시작된다.

하늘과 땅이 펼쳐지다

창세기 1~11장

저자 모세 **기록 연대** B.C. 1446~1406년경
내용 천지창조에서 바벨탑 사건까지 보여준다.

율법서의 시작인 〈창세기Genesis〉는 헬라어로 '기원'이라는 뜻이다. 〈창세기〉에서는 기원을 두 가지로 설명하고 있다. 1장에서 11장까지는 '인류의 기원'을 알려주고 있고, 12장에서 50장까지는 선택된 민족인 '이스라엘의 기원'을 설명하고 있다. 그것은 우리가 어디에서 왔고 왜 이곳에 있는지에 대한 근본적 답을 주는 매우 중요한 부분이다.

창세기 1장 1절 "태초에 하나님이 천지를 창조하시니라"라는 말씀을 기억하자. 이 말씀을 믿어야 이후의 모든 말씀을 믿을 수 있다. 기독교 신앙은 '태초에 하나님이 천지를 창조하셨다'는 말씀에서부터 시작한다. 하늘과 땅을 창조하신 분이 하

나님이시라는 것을 믿는다면, 그분은 분명 죽은 자를 살리실 수 있고, 물을 포도주로 변화시키실 수 있고, 홍해를 가르실 수 있는 분이라는 것을 알게 될 것이다. 왜 많은 사람이 기독교 신앙을 믿지 못할까. 그것은 창세기 1장 1절부터 믿기 어려워하기 때문이다.

그러나 우리는 고백할 수 있어야 한다. "전능하신 하나님이 하늘과 땅을 창조하셨습니다." 우리는 우연히 생긴 것이 아니며, 이 세상 또한 우연하게 만들어진 것이 아니다. 천지만물이 하나님의 말씀대로 그분의 의도대로 창조됐다는 것을 알아야 한다.

2장과 3장에서는 인간, 즉 아담과 하와가 창조된다. 여섯째 날에 그들을 창조하신 하나님께서는 일곱째 날에는 쉬셨다. 여기에서 중요한 것은 하나님께서 쉬셨다는 것이다. 상식적으로 하나님께서 쉬실 필요가 있었을까? 성경을 보면 하나님은 졸지도 않으시고, 주무시지도 않으시고, 피곤하지도 않으시다고 말한다.

그런데 하나님께서는 왜 쉬셨을까? 그것은 하나님께서 인간에게 주신 첫 번째 선물이 안식이라는 것을 보여주시기 위함이다. 그래서 우리는 일하고 쉬는 사람이 아니라 쉬고 일하는 사람이 되어야 하는 것이다. 달력을 볼 때 우리는 흔히 월, 화, 수, 목, 금, 토, 일로 보는데 일, 월, 화, 수, 목, 금, 토로 봐야 맞는 것이다.

바꾸어 말하면 6일 동안 세상 일로 지쳐 주일에 교회 가서 위로받고 쉬겠다는 것이 아니라, 주일에 예배를 드리고 나서 하나님께 받은 힘과 능력으로 세상에서 승리하는 사람이 돼야 한다.

하나님께서는 안식이라는 선물도 주셨지만 아름다운 에덴동산도 주셨다. 이곳에서 아담과 하와는 평화로운 시간을 보낸다. 그런데 뱀의 유혹에 넘어가서 하나님께 불순종하는 사건이 일어난다. 하나님께서 따먹지 말라고 하신 선악과를 뱀의 사악한 유혹에 넘어간 하와가 따먹고 만 것이다.

이로 인해 하나님은 노하시고 결국 그들을 에덴동산에서 추방하신다. 그리고 인간에게는 노동의 수고와 출산의 고통이라

는 비극이 시작된다.

도표로 보는 구약 1

● 천지창조 순서

첫째 날	빛-낮과 밤을 나눔
둘째 날	하늘
셋째 날	땅과 바다, 풀과 채소
넷째 날	해, 달, 별
다섯째 날	물고기와 새
여섯째 날	땅의 육축과 사람
일곱째 날	안식

4장으로 넘어가면 형 가인이 동생 아벨을 죽이는 사건이 벌어진다. 이런 사건이 왜 일어났을까? 형 가인은 왜 동생을 죽였을까? 하나님께서는 동생 아벨의 제사는 받으셨지만, 형 가인의 제사는 받지 않으셨다. 아벨은 믿음으로 제사를 드렸고, 가인은 그렇지 않았기 때문이다.

믿음으로 제사를 드렸다는 것은 정성을 다해 드렸다는 말이 아니다. 그것보다는 하나님께서 시키신 대로 했다는 것이다. 믿음은 들음에서 나는 것이기 때문이다. 다시 말해서 아벨은 하나님께서 말씀하신 대로 피의 제사를 드렸다. 피흘림의 제사란 동물의 피를 흘려서 드리는 제사로, 하나님께서 인류를 구원하기 위해 이 땅에 그분의 아들 예수 그리스도를 보내셔서 인간을 구원하신다는 예표이기도 하다.

아벨은 하나님의 말씀을 듣고 그대로 순종하여 제사를 드렸다. 반면 가인은 자신의 생각과 뜻대로 제사를 드렸다. 그래서 결국 가인은 아벨을 죽이고 만다. 이것이 인류 첫 번째 살인 사건이다. 이렇게 하나님을 떠난 인간은 범죄하기 시작했다.

6~9장에서는 온 세상이 물로 뒤덮이는 대홍수 사건과 노아의 이야기가 등장한다. 하나님은 노아에게 방주를 만들라고 명령하셨다. 그리고 혈육이 있는 모든 생물을 각기 암수 한 쌍씩 방주에 들어가게 했다. 모든 동물을 방주에 집어넣으려면 그 규모는 얼마나 되었을까?

Tip

방주의 크기는?

길이 137m, 너비 23m, 높이 14m

미식 축구장보다 길이는 더 길고 폭은 약간 좁고 3층으로 되어 있었다.

노아는 하나님께 순종하여 비 한 방울 내리지 않는 날씨 속에서 방주를 지었다. 구름 한 점 없이 하늘이 쨍쨍한데 방주를 짓고 있으니 사람들은 그를 미쳤다고 손가락질했다. 그러나 하나님께서는 노아에게 가족들을 다 데리고 방주 안으로 들어가 7일 동안 머물라고 명령하셨다. 하루, 이틀, 6일이 지나도 비는 오지 않았다. 그럼에도 불구하고 노아는 방주 안에서 7일을 견뎠다. 노아가 사람들의 손가락질에도 아랑곳하지 않고 방주 안에서 인내할 수 있었던 이유는 무엇이었을까?

그것은 하나님의 말씀에 기초한 믿음이 있었기 때문이다. 그는 하나님의 말씀을 붙들고 인내했다. 진정한 믿음은 약속을 붙드는 믿음, 말씀을 붙드는 믿음이다.

드디어 40주야 동안 비가 내리기 시작했다. 창세기 7장 11절

에 "그 날에 큰 깊음의 샘들이 터지며 하늘의 창문들이 열려"라고 나온다. 즉, 하늘의 문이 열리고 땅의 문이 열렸다는 것이다. 150일, 즉 5개월 동안 물이 온 땅에 창일했다.

Tip

인종차별은 왜 생겼을까?

노아의 홍수 사건은 전 세계적인 홍수였다. 이후 셈은 황인종 계열, 함은 흑인과 아프리카 계열로, 야벳은 유럽과 아메리카 계열로 나뉘었다. 아시아인은 셈의 후손이다.

11장은 언어가 나뉘는 바벨탑 사건이 나온다. 하나의 언어를 사용하던 노아의 자손들은 "탑 꼭대기를 하늘에 닿게 하여 우리 이름을 내고 흩어짐을 면하자"(창 11:4)라며 교만에 가득했다. 이에 진노하신 하나님은 그들이 쌓은 탑을 무너뜨리고 언어를 갈리게 하신다.

지금도 바벨탑의 흔적인 지구라트가 근동지방에 흩어져 있다. 지구라트(ziggurat, 신전)는 몇 개의 층으로 나뉘어 있는데 맨 위가 신전이다. 제사는 제사장이 집도했고, 일부 돈 많은 사람은 지구라트도 많았다고 한다. 부와 능력을 과시하는 일종의

상징이었던 것이다. 인간은 하나님 앞에서 교만을 부리다가 결국 무너지고 언어 또한 흩어지게 되었다.

도표로 보는 구약 2

● 한눈으로 보는 창세기

사건	4가지 사건(1~11장)				4명의 족장(12장~50장)			
구분	창조	타락	홍수	나라	아브라함	이삭	야곱	요셉
기원	인류의 기원				이스라엘의 기원			
성격	역사적				전기적			

믿음의 사람들 총 출 동

창세기 12~50장

저자 모세 **기록 연대** B.C. 1446~1406년경
내용 아브라함에서 야곱까지의 인생을 보여준다.

창세기 12~25장에는 아브라함이 등장한다. 예수님이 탄생하시기 2천 년 전, 하나님께서는 지금의 이라크 땅에 살고 있었던 아브라함을 부르셨다.

> 너는 너의 고향과 친척과 아버지의 집을 떠나 내가 네게 보여 줄 땅으로 가라 내가 너로 큰 민족을 이루고 네게 복을 주어 네 이름을 창대하게 하리니 너는 복이 될지라(창 12:1~2).

이 음성을 듣고 아브라함은 하나님을 따르게 된다. 이것이 이스라엘 건국의 시작이다. 평범하게 유목하던 아브라함을 하나

님께서 부르셔서 그로 하여금 이스라엘을 만들게 하신 것이다. 그런데 아브라함에게는 자식을 낳지 못하는 아내 사라가 있었다. 기다려도 자식이 없자 사라는 미안한 마음에 아브라함에게 자신의 여종 하갈과 동침하기를 권한다. 그리고 아브라함은 여종 하갈과 동침하여 이스마엘을 낳는다. 그러나 약속의 하나님께서는 아브라함 나이 100살에 사라를 통해 이삭을 주신다. 이것이 지금의 유대인들과 아랍인들의 분쟁의 단초라고 사람들은 말한다.

우리는 아브라함을 믿음의 조상이라고 부른다. 그는 문제와 실수가 있는 사람이었지만 하나님께서는 그를 선택하셨고 절대 포기하지 않으셨다. 아브라함이 하나님을 선택한 것이 아니라, 하나님께서 아브라함을 선택하셨기 때문에 그를 포기하지 않으셨던 것이다. 하나님께서 선택하신 우리도 마찬가지다. 그분은 절대로 우리를 포기하지 않으신다는 것을 믿어야 한다.

21~35장까지는 아브라함의 아들 이삭의 이야기가 나온다. 그는 아브라함이 100살에 얻은 아들이다. 이삭은 나이 40살에

리브가와 결혼을 하고 60살에 아이를 낳았다.

이삭은 기다림의 사람이었다. 자신의 아버지 아브라함은 자식이 없어서 여종과 동침하였지만, 이삭은 아내가 자식이 없자 20년 동안 기도하고 또 기도하였다. 그래서 낳은 자식이 쌍둥이 에서와 야곱이었다. 성경을 보면 이삭이 백 배의 복을 받았다고 기록돼 있다. 그 이유 중에 하나는 그의 아버지 아브라함이 하나님께 순종하였다는 것이다.

이 말씀을 통해 우리는 복은 다음 세대에 백 배가 된다는 것을 알 수 있다. 한 사람이 축복의 문을 열어 놓으면 천 배, 만 배의 축복이 있음을 믿어야 한다. 한 사람이 주님을 믿으면 모든 저주의 문이 닫히고 축복의 문이 열린다. 우리도 아브라함과 같은 아버지, 이삭과 같은 자녀가 되어야 한다.

35~49장에 등장한 야곱은 잔머리계의 대가이다. 야곱이란 '남의 뒷다리를 잡는다'는 뜻으로, 이 이름이 나중에 이스라엘이라고 바뀐다. 그는 정말 머리가 똑똑한 사람이었다. 머리를 굴려 형 에서의 장자권을 가로채고 아버지가 주신 축복도 빼앗

을 정도였다.

그에게는 4명의 부인에게서 얻은 12명의 아들이 있었다. 그는 첫 번째 부인으로 예쁜 라헬을 원했다. 그래서 그녀를 얻기 위해 7년을 삼촌 라반의 밑에서 목숨 걸고 일했다. 드디어 기다리던 라헬과의 첫날밤이 왔다. 그런데 라헬의 언니 레아가 들어온 것이다. 이에 야곱이 라반에게 따지자, 자매 중에는 언니부터 시집을 가야 하며, 동생인 라헬과 결혼하고 싶으면 7년을 더 일해야 한다는 말을 듣는다. 결국 야곱은 여자 때문에 14년 동안 무임금으로 노동을 한다. 자기 머리만 믿고 살다가 어려움을 겪게 된 경우다.

결국 하나님께서는 잔머리 굴리는 야곱보다 더 잘나고 똑똑한 삼촌 라반을 통해 그를 깨뜨리셨다. 이렇게 낳은 야곱의 자식 12명은 이스라엘의 열두 지파의 조상이 된다.

32장에서 야곱은 하나님과 씨름한 유일한 사람으로 기록돼 있다. 그리고 후에 이름이 이스라엘로 바뀐다. 즉 하나님과 겨루어 이겼다는 뜻의 이름을 얻는다. 이로써 야곱은 머리로 살다

가 무릎으로 사는 인생으로 변화하게 된다. 하나님께서는 머리를 믿고 사는 우리를 이스라엘로 만드시길 원하신다. 무릎으로 사는 자로 만드시길 원하신다.

37~50장까지 등장하는 인물은 요셉이다. 그는 아버지의 편애를 받은 아들이었다. 채색옷을 입고 다닌 아들, 꿈 자랑하던 아들이었다. 아버지가 그 아들만 예뻐하니 형들은 당연히 요셉을 미워하게 됐다. 혼자 좋은 옷을 입고 아버지의 사랑을 독차지하고 있는 동생을 시기한 형들은 그를 이집트의 노예로 팔아버린다.

Tip

요셉과 예수님은 닮은꼴?

성경학자들은 요셉이 죄를 지었다는 기록이 한 번도 없다는 점, 자기 자신의 잘못도 없이 고난을 당했다는 점, 히브리인의 구주였다는 점 등 예수님과 요셉의 100가지 공통점을 찾았냈다.

17살 때 노예로 팔려 보디발의 집에서 총무로 일하던 요셉은

여주인이 유혹하는 것을 거절했다가 감옥에 들어가게 된다. 죄목은 강간미수였다. 그 감옥에서 다른 사람의 꿈을 해몽해주다가 결국에는 30살의 나이에 이집트의 국무총리가 된다. 요셉은 10대에 꿈을 꾸고 20대에 준비하여 30대에 영향력을 발한 대표적인 인물이다.

여기서 우리는 준비가 안 된 사람에게도 하나님께서 꿈을 허락하신다는 것을 알 수 있다. 하나님께서는 아직 그릇이 되지 않은 사람에게도 꿈을 주셔서 그 꿈을 감당할 수 있는 그릇으로 준비하시고 훈련하신다.

그 후 요셉 때에 야곱의 식구들은 흉년을 피할 목적으로 이집트로 이주한다. 이때 요셉과 극적으로 재회하고 그의 배려로 이집트에서 살게 된다. 야곱은 그곳에서 죽고 자손들은 대대로 정착하게 된다.

도표로 보는 구약 3

● 야곱의 12명의 아들

출생순	아들	어머니
1	르우벤	레아
2	시므온	
3	레위	
4	유다	
5	단	빌하
6	납달리	
7	갓	실바
8	아셀	
9	잇사갈	레아
10	스불론	
11	요셉	라헬
12	베냐민	

* 야곱의 아들들이 이스라엘의 12지파의 기원이 되고, 레위 지파가 제사장 직무를 위해 빠지고, 요셉이 두 분깃을 받아 두 아들인 므낫세와 에브라임 지파를 형성하였다.

파란만장한 모세의 인생

출애굽기

저자 모세 **기록 연대** B.C. 1446~1406년경
내용 이스라엘 백성이 노예생활에서 탈출하다.

1~18장까지는 이집트에서 홍해까지의 역사를 기록하고 있다. 야곱의 자손들은 400년가량 이집트 땅에 정착하면서 인구가 기하급수적으로 늘어갔다. 이러한 현상에 이집트의 왕 바로는 불안을 느꼈다. 그래서 국무총리였고 나라의 기근을 면하게 했던 요셉을 기억하지 못한 바로 왕은 이스라엘 사람들을 핍박하고 강제 노동에 동원시켰다. 심지어 남자아이가 태어나면 무조건 강에 던져 죽이라는 명령까지 내렸다.

이 시기에 한 남자아이가 태어난다. 그리고 그 부모는 왕의 명령을 어기고 아이를 3개월 정도 숨기다가 갈대상자를 이용하여 강가에 띄워 보낸다. 마침 그곳에서 바로의 딸인 공주가

목욕을 하다가 갈대상자 속 남자아이를 발견하고 양자로 키우게 된다. 그가 바로 모세다.

모세는 40살까지 이집트 궁전에서 왕자의 삶을 살다가 살인사건에 개입된다. 자신의 동포를 괴롭히는 이집트 사람을 죽인 것이다. 이 사건이 드러나자 그는 미디안 강으로 도망가서 그곳에서 결혼하고 80살까지 장인 이드로의 양을 치며 산다.

한편 80살에 그는 하나님의 부르심을 받아 민족의 지도자가 된다. 그리고 이집트에서 백성을 이끌고 출애굽하는 데 하나님의 쓰임을 받는다. 모세의 40년 궁 생활과 40년 광야생활은 쓸모없는 일이 아니라 모든 것이 하나님의 훈련이었고, 하나님께서 모세를 위대한 지도자로 쓰시기 위한 준비였다는 것을 기억해야 한다.

지금 우리 눈에는 모든 것이 힘들고 어렵지만 그것이 하나님의 준비요, 훈련이라는 것을 깨닫는다면 우리는 더욱 귀하게 쓰임받을 것이다. 하나님께서는 절대로 손해보는 분이 아니시다. 그분은 합력하여 선을 이루신다.

하나님께서 모세를 쓰시기 위해 모세에게는 80년의 준비 기

간이 필요했던 것이다. 모세는 40년 동안 이집트 궁전에서 배우고 40년 동안 광야에서 고난을 겪은 다음에야 하나님의 부르심을 받았다. 그때 모세는 "저는 말재주가 없습니다"라고 하지만 주님께서는 "내가 너와 함께하리라"라고 말씀하신다. 모세를 통해 우리는 하나님이 함께하시면 어떤 사람도 쓰임받게 된다는 것을 깨달을 수 있다.

도표로 보는 구약 4

●모세의 인생 3기

1기	왕자	출생~40살까지	이집트 바로 왕의 아들로 성장
2기	목자	40~80살까지	미디안 광야에서 목동
3기	지도자	80~120살까지	출애굽하여 광야에서 이스라엘 민족을 이끎

19~40장까지를 보면 드디어 이스라엘 백성이 출애굽에 성공한다. 홍해를 건넌다. 400년 동안 이집트에서 살면서 온갖 고난을 겪은 이스라엘 백성에게 하나님께서 모세를 보내주셨다.

모세는 백성을 이끌고 광야로 들어가서 시내 산에 도착한다. 그리고 시내 산에 올라가서 하나님을 만나고 십계명을 받는다. 하나님께서는 이때 이스라엘 백성이 어떻게 살아야 하는지에 대한 법규와 의무를 들려주신다. 또 예배와 번제를 위한 성막을 만들라고 명령하신다.

모세는 40년의 광야생활을 마친 후에 하나님께서 약속하신 가나안 땅에 도착하게 되지만, 하나님께서는 모세가 가나안 땅에 들어가는 것을 허락하지 않으신다. 그분은 "너는 들어가지 마라! 너는 저 땅에 들어갈 수 없느니라"라고 하시면서 고지가 바로 앞인데, 약속의 땅 가나안이 손에 잡힐 듯 보이는데 "넌 여기까지다" 하시면서 들어가지 못하게 하셨다. 그리하여 모세는 홀로 산으로 올라가서 죽음을 맞이한다. 그리고 지금까지 모세의 무덤이 어디에 있는지 알 수 없다고 한다.

이어서 약속의 땅에 들어가도록 이끄는 일은 모세의 오른팔인 여호수아가 감당하게 된다. 우리는 하나님께서 하지 말라고 하시면 하지 않는 모세의 위대함을 볼 수 있다. 욕심 부리지 않고 주님 말씀에 순종하는 삶이 귀한 삶인 것이다. 주님 말씀대

로 사는 삶, 주님이 가라시면 가고 멈추라시면 멈추는 삶이 되어야 한다.

도표로 보는 구약 5

● 애굽에 내린 10대 재앙

재앙	관련 애굽 신
피	나일 강의 수호신: 크놈, 하피
개구리	개구리 형상의 부활신: 헤크트
이	땅의 신: 갭
파리	뚝지(물고기) 모양의 신: 코프리
돌림병	황소의 신: 아피스, 암소의 신: 하돌
악성 종기	의술의 신: 임호텝
우박	하늘의 여신: 누트
메뚜기	곡물의 수호신: 세트
흑암	태양 신: 라, 태양 여신: 세케트
장자의 죽음	죽음과 부활의 신: 오시리스, 생명의 신: 프타

율법의 장(場)이 보인다

레위기, 민수기, 신명기

저자 모세 **기록 연대** B.C. 1446~1406년경
내용 하나님 여호와를 경외하기를 배우다.

〈레위기〉는 거룩함에 대한 설교이다. 하나님의 백성이 어떻게 살아야 하고 어떻게 예배를 드려야 하는지에 대한 율법을 가르치고 있다. 또한 노예들을 대하는 법, 정당하게 임금을 지불하는 법, 노인을 공경하는 법 등 생활 전반에 관한 가르침을 기록하고 있다. 그래서 〈레위기〉를 읽다 보면 거룩함에 대한 상식이 깨지기 시작한다.

우리는 거룩함을 내면적인 것으로 생각하지만, 어른에게 존경을 표하는 것도 거룩함이고, 자기 건강을 지키는 것도, 외국인 노동자를 친절하게 대하는 것도 거룩함이다. 사업하는 사람들이 자기 직원들에게 정당하게 임금을 주는 것도 거룩함이라

는 것을 가르치고 있다.

〈민수기〉에서는 숫자가 많이 나온다. 민수라는 것이 '수를 세다'라는 뜻이다. 모세가 광야에서 이스라엘 백성의 수를 센 것을 기록하고 있기 때문에 '민수기'라고 부른다.

또한 12명의 가나안 정탐꾼 이야기가 나온다. 가나안 땅을 정탐하고 돌아온 12명의 정탐꾼 중에서 갈렙과 여호수아를 제외한 10명이 부정적인 말을 한다. 이 말을 들은 이스라엘 백성은 "우리는 저 땅에 들어갈 수 없어! 그 땅에는 아낙 자손이 있어. 우리는 그들 앞에서 메뚜기와 같아"라고 말했다.

그런데 이스라엘 백성이 10명의 정탐꾼 말을 듣고 "차라리 여기서 죽자"라고 하자, 그때 하나님께서 말씀하셨다. "너희 말이 내 귀에 들린 대로 내가 너희에게 행하리니"(민 14:28). 결국 모든 백성이 약속의 땅에 들어가지 못하고 20살 미만의 사람만 약속의 땅에 들어가게 된다.

20살 이상의 사람이 '죽겠다'고 말한 대로 죽음을 맞았다. 이를 교훈 삼아 20살이 넘으면 자신이 한 말에 책임을 질 수 있어

야 한다. 함부로 말하게 되면 주님의 귀에 다 들어간다.

〈신명기〉는 모세가 광야에서 떠돈 40년 동안 백성에게 행한 설교 모음집이다. 다시 말하면 인생 선배, 목사님, 위대한 민족의 지도자인 모세가 "이제 가나안 땅으로 들어가면, 하나님을 경외하고 하나님 말씀을 부지런히 읽어야 하고 그것을 자녀들에게 가르쳐야 한다"라고 권면한 설교 역작들을 모아 놓은 것이다.

도표로 보는 구약 6

●십계명

구분	내용
하나님과의 관계	1. 다른 신들을 섬기지 마라.
	2. 우상을 만들지 마라.
	3. 하나님의 이름을 망령되이 일컫지 마라.
	4. 안식일을 지키라.

사람과의 관계	5. 네 부모를 공경하라.
	6. 살인하지 마라.
	7. 간음하지 마라.
	8. 도적질하지 마라.
	9. 거짓 증거하지 마라.
	10. 탐내지 마라.

짚어 보기

1. 태초에 하나님은 천지를 창조하셨다. 이것을 믿는 것이 믿음의 시작이다.

2. 아브라함은 자신이 100살이기에 자식을 낳을 수 없다고 믿었지만 하나님은 100살 된 그에게 이삭을 낳게 하셨다.

3. 요셉은 위대한 사람이기 때문에 꿈을 꾼 것이 아니다. 꿈을 주셨기 때문에 위대한 사람이 되었다.

4. 모세는 온유한 사람이었다. 그러나 그는 처음부터 온유한 사람이 아니었다. 40년간 광야에서 장인의 양을 치면서 변화되어진 성품이다.

5. 거룩함은 외적으로 보여지는 경건의 모습이 아니다. 일상적인 생활 속에서 보여지는 삶의 모습이다.

딱! 1시간에

구약

2장

스펙터클한 **이스라엘**의 **역사가** 보인다

역사서의 이해

여호수아

사사기

룻기

사무엘상하

열왕기상하

역대상하

에스라

느헤미야

에스더

역사서는 〈여호수아서〉부터 〈에스더서〉까지 12개의 성경이다. 이것은 800년 동안의 기록이다. 이스라엘 백성이 이집트를 탈출하여 광야를 거쳐 가나안을 정복하고 국가를 세우고 나라를 발전시키는 과정과 하나님에 대한 믿음을 저버리고 멸망하여 다른 나라의 노예가 되는 역사가 전개된다.

도전정신을 개척하다

여호수아

저자 미상 **기록 연대** B.C. 1425년경
내용 약속의 땅 가나안을 정복하다.

여호수아는 모세의 오른팔이었다. 이집트를 탈출할 때 모세의 오른팔과 같은 역할을 했고 모세 이후에 민족의 지도자가 된다. 요단 강을 건너 여리고와 아이 성을 정복하고 남쪽 국가와 북쪽 국가의 정복 과정을 기록하고 있다. 결국엔 가나안 땅을 정복하는 모든 과정을 설명하고 있다.

또한 이스라엘 각 지파에게 주어진 땅의 목록과 여호수아의 연설 내용들이 기록되어 있다. 따라서 〈여호수아서〉는 우리에게 도전정신과 힘을 주는 말씀이다.

청년 시절 반드시 읽고 가야 할 말씀이기도 하다. 싸우는 자, 도전하는 자, 개척하는 자에게 힘들고 어렵더라도 목표를 이뤄

야 한다는 메시지를 담고 있다. 그중 갈렙의 이야기가 나온다. 그는 나이가 85살이었지만 하나님께서 말씀하신 헤브론 산지를 자신에게 달라고 요구한다. 그곳은 아낙 자손과 싸워 이겨야만 차지할 수 있는 땅이었다. 결국 갈렙은 아낙 자손과 싸워서 승리했고, 헤브론 산지를 차지한 위대한 지도자가 된다.

도표로 보는 구약 7

● 이스라엘 12지파의 땅 분배

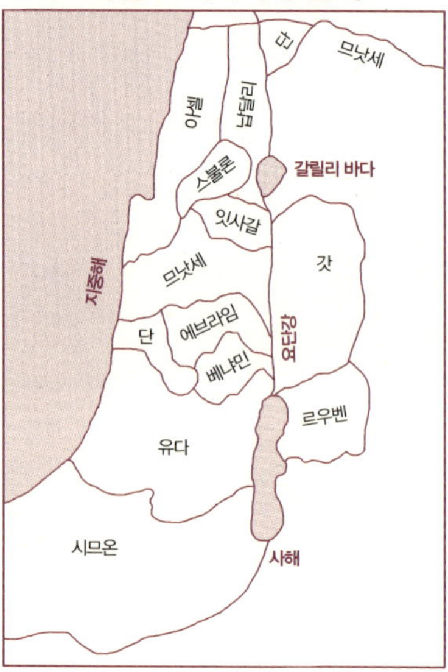

하나님이 세우신 사람들

사사기

저자 사무엘로 추정 **기록 연대** B.C. 1050~1000년경
내용 이스라엘의 불순종과 하나님의 심판, 구원을 말하다.

〈사사기〉에서 여호수아는 민족의 지도자이지만 왕은 아니었다. 그래서 하나님께서 민족을 이끌어갈 지도자가 필요할 때마다 지목한 사람들이 사사였다. 그들이 민족의 지도자였다.

이스라엘 백성은 여호수아 이후에 400년이라는 긴 세월을 일정한 왕국이 없는 상태로 보내게 된다. 그들의 운명은 사사라고 불리는 지도자들에 의해 좌우되었다. 하나님께서 늘 사사들을 세우셨기 때문이다. 그런데 사사들이 세워진 과정들을 보면 다음과 같다.

하나님께서 이스라엘 백성에게 축복을 주시면 방심하여 하나님을 배반하고 이방신을 섬긴다. 소위 딴짓을 한 것이다. 딴

짓을 하니 바로 다른 민족들이 일어나서 이스라엘 백성을 지배하고 괴롭혔다. 그래서 힘들고 고통스러우면 "주님, 도와주세요"라고 부르짖는다. 그 부르짖음을 들으신 주님은 사사들을 세우셔서 백성을 구해주신다. 그런데 구해주면 또 딴짓을 했다. 그러면 또 이방민족이 일어나서 괴롭히고, 이에 또 부르짖으면 하나님께서 또 사사를 세워주시고…. 이러한 일들이 반복되는 것이 〈사사기〉의 내용이다.

또한 〈사사기〉에는 12명의 남자와 1명의 여자가 등장한다. 그들은 문제가 있는 사람들이었다. 예를 들면 그 당시에는 여자가 사사가 된다는 것은 불가능한 일이었는데 '드보라'라는 여자 사사가 있었고, 에훗이라는 사사는 오른손을 쓸 수 없어 왼손만 사용하는 장애를 가졌으며, 삼갈이라는 사람은 소 모는 막대기를 가지고 600명을 죽인 인물이다.

이 사사들은 모두 연약하고 부족한 사람들이었지만 하나님께 붙들려 크게 쓰임받았다. 소 모는 막대기밖에 가진 것이 없어도 하나님의 능력으로 어떤 상대도 이길 수 있다.

〈사사기〉를 통해 우리는, 인간은 무능하지만 하나님은 전능

하시다는 것을 알 수 있다. 또한 부족한 우리도 쓰임받을 수 있다는 것을 깨달을 수 있다. 그 밖에 삼손, 기드온 이야기 등의 흥미로운 이야기도 펼쳐진다.

도표로 보는 구약 8

● 이스라엘 12명의 사사

이름	신분 및 특징	평화 기간
옷니엘	갈렙의 조카	40년
에훗	왼손잡이, 모압 왕을 살해	80년
삼갈	소 모는 막대기로 600명을 죽임	
드보라	여선지자이며 사사	40년
기드온	아들이 70명	40년
돌라	에브라임 산지에서 거함	23년
야일	아들이 30명, 성읍이 30개	22년
입다	기생의 아들, 성읍이 20개	6년
입산	아들이 30명, 딸이 30명	7년
엘론	아얄론에 장사	10년
압돈	아들이 40명, 손자가 30명	8년
삼손	나실인으로 성공과 실패	20년

하나님이 원하신 사랑의 표본

룻기

저자 미상 **기록 연대** 사사기 이후로 추정
내용 이방 여인 룻의 사랑 이야기가 그려진다.

〈룻기〉는 아름다운 사랑 이야기다. 성경에는 정복하고, 멸망하는 전쟁 이야기가 나오다가도 중간 중간에 마치 쉬어가는 코너처럼 러브스토리가 나와서 읽는 재미를 더한다. 그중 하나가 〈룻기〉다.

〈룻기〉는 이방 여자인 룻과 보아스라는 부자의 사랑 이야기다. 기근으로 남편을 잃은 이방 여자인 룻은 자신의 고향으로 돌아가지 않고 끝까지 시어머니 곁을 지킨다. 그러한 룻의 헌신을 지켜본 보아스가 그녀를 연모하게 된다. 그 사실을 알고 나오미는 며느리의 결혼을 적극 지원한다. 그리고 룻을 단장시켜 보아스에게로 보내자, 그는 이방 여자 룻을 받아들여 자기 아내

로 삼는다. 시어머니 나오미가 자기 며느리를 지원해서 이들의 사랑이 이루어진 것이다. 재미있게도 룻과 보아스는 다윗의 증조할머니, 할아버지가 된다.

〈룻기〉를 통해 나오미 같은 시어머니를 만나게 해달라고, 그런 시어머니가 되게 해달라고 기도해야 한다. 요즘 같은 세상에 시어머니가 며느리를 자기 딸처럼 생각하는 사람이 어디 있겠는가! 배우자를 결정할 때도 상대뿐만 아니라 그 어머니도 보고 판단해야 한다.

또한 보아스와 같은 남편을 만나게 해달라고 기도해야 한다. 앞에서 말한 아브라함은 여자의 마음을 헤아리지 못하고 실수를 범한다. 솔로몬은 어떤가. 부인만 천 명이 아니었던가. 우리는 룻과 보아스와 같은 사랑을 해달라고 기도해야 한다. 하나님이 인도하시는 사람을 만나게 해달라고 기도해야 한다.

회개할 때 회복된다

사무엘상하

저자 미상 **기록 연대** B.C. 1010~722년경
내용 사무엘과 사울 왕에서 다윗의 통치 역사를 보여준다.

나라가 힘들고 어려웠던 과도기 사사시대와 왕의 시대의 중간 역할을 했던 민족의 지도자, 선지자가 바로 사무엘이다. 이스라엘 백성은 "누가 사사가 될지 모르는, 누가 지도자가 될지 모르는 이 불안한 시대를 벗어나려면 우리도 다른 나라처럼 왕이 있어야 해! 왕을 세워주세요"라고 요구했다. 그래서 사무엘을 통해 사울이 왕으로 세워졌다. 사울은 처음에는 겸손했지만 결국에는 교만해져서 하나님께 버림받는다.

〈사무엘상하〉를 읽으면 하나님께서 겸손한 자는 높이시고, 교만한 자는 낮추신다는 것을 깨닫게 된다. 우리는 "겸손한 자가 되게 해주십시오"라고 기도해야 한다.

그 후 왕의 자리가 사울에서 다윗으로 넘어간다. 사무엘이 하나님의 음성을 듣고 어린 다윗에게 가서 아직 10대인 그에게 기름을 붓는다. 기름부음은 10대에 행해졌지만 다윗은 곧바로 왕이 되지 않고, 도망가거나 쫓겨 다니면서 왕으로서의 그릇을 준비했다. 그러고 나서 나이 30살이 되어서야 한 나라의 왕이 되었다. 우리는 이 말씀을 통해 10대 시절에 주님을 만나 20대에 훈련받고 준비하여, 30대에 영향력을 발휘하는 삶을 꿈꿀 수 있다.

〈사무엘상〉은 하나님의 종인 사무엘, 그가 세운 사울 왕과 사울 왕이 다윗을 만나고 그에게 왕위가 넘어가는 시기까지를 기록하고 있다. 〈사무엘하〉로 넘어가면 다윗으로 인해 이스라엘이 안정되어가고 나라의 모습을 갖춰가는 상황들을 기록하고 있다. 더불어 다윗의 죄와 문제도 다루면서 그가 자식들과 갈등을 일으키는 것도 기록하고 있다.

다윗은 하나님께 기름부음을 받고 믿음으로 골리앗도 이긴다. 그러나 다윗에게도 문제가 있었고 죄도 있었다. 하지만 그는 하나님 앞에서 회개할 줄 알았다.

이처럼 사람은 실수를 하며, 문제를 일으킨다. 교만할 수도 있다. 하지만 진정한 회개를 할 때 얼마든지 회복할 수 있다는 것을 기억하자.

그래서 〈사무엘하〉에서는 회개의 중요성을 이야기한다. 주님 앞에 자신의 잘못을 자복하는 것이 얼마나 중요한지 나온다. 끝까지 쓰임받으려면 겸손할 뿐만 아니라 자신의 모든 잘못을 인정하고 하나님의 도우심을 구해야 한다.

도표로 보는 구약 9

● 이스라엘 통일왕국

왕	통치 기간	재임 년도
사울	40년	B.C. 1051~1011년
다윗	40년(헤브론: 7.5년, 예루살렘: 32.5년)	B.C. 1011~971년
솔로몬	40년	B.C. 971~931년

* 사무엘상 13장 1절에서는 사울이 32년간 왕으로, 사도행전 13장 21절에서는 40년간 왕으로 있었다고 기록한다. 따라서 즉위 기간에 대해 B.C. 1051년 또는 B.C. 1043년으로 본다.

하나님을 따른 왕들의 향연

열왕기상하

저자 미상 **기록 연대** B.C. 561~537년경
내용 솔로몬의 통치와 왕국의 멸망까지를 보여준다.

〈열왕기상〉에는 120년의 이스라엘 역사와 함께 다윗의 뒤를 이은 솔로몬 왕의 이야기가 나온다. 솔로몬은 아버지가 하지 못한 성전 건축을 7년에 걸쳐서 완성하는 등 하나님께 지혜를 구한 지혜의 사람이었다. 그러나 말년에는 어리석은 모습을 많이 보인다. 자신의 부를 축적하기 위해 엄청난 세금을 백성에게 물렸고, 성전 건축을 위해 백성의 노동력을 착취한 것이다.

더욱이 천 명의 아내를 취하였는데 과연 솔로몬은 이 많은 아내의 이름을 모두 외웠을까? 이것만으로도 곤혹이었을 것이다. 그런데 더 나아가 솔로몬은 이방 여자와 결혼하지 말라는 하나님의 말씀을 어기고 이방 여자들도 아내로 맞아, 그들의 이

방신을 섬기기 위해서 신당까지 만들게 된다. 그래서 지혜로운 사람에서 시작하여 바보로 끝난 사람이 솔로몬이다. 우리는 솔로몬의 삶을 보면서 시작도 좋지만 끝도 좋은 사람이 되어야 함을 깨닫는다.

솔로몬이 죽은 후에 르호보암이 왕이 된다. 백성은 아버지 솔로몬에게 당한 고통을 덜기 위해 르호보암에게 간청하였다. "노동력을 줄여주세요, 세금을 깎아주세요." 그런데 르호보암은 국가 원로들의 말은 듣지 않고 친구들의 말만 듣고 "내 아버지가 너희를 채찍으로 다스렸다면 나는 너희를 전갈로 다스리겠다. 나는 더 강력하게 통치할 것이다" 하며 백성의 소리에 귀를 닫아버렸다.

결국에는 북쪽의 10개 지파가 반란을 일으키고 독립을 한다. 그래서 나라가 두 쪽으로 갈라지게 된다. "더 이상 당신을 왕으로 섬길 수 없어!" 하며 유다와 베냐민 지파를 제외한 10개 지파가 사마리아를 수도로 북이스라엘을 세운다.

그리고 나머지 유다와 베냐민 지파가 예루살렘을 수도로 남유다를 세운다. 이렇게 나뉜 북이스라엘과 남유다의 왕들에 대

하여 기록한 것이 〈열왕기상〉이다.

17장에는 위대한 선지자가 등장한다. 바로 엘리야 선지자다. 그는 북이스라엘에서 활동한 선지자다. 또한 바알의 선지자들과 대결하고 아합 왕과 그 왕비 이세벨과 대결한 사람이다. 그러한 엘리야를 기억하면서 〈열왕기상〉을 읽으면 그 시대를 이해할 수 있다.

〈열왕기상〉을 보면 하나님께서 주신 복을 계속해서 다음 세대에 전하는 사람, 시작과 끝이 좋은 사람, 남의 말에 귀 기울일 수 있는 사람이 되어야 함을 깨달을 수 있다.

〈열왕기하〉에서는 엘리야가 승천하고 엘리사의 이야기가 나온다. 엘리사는 엘리야가 승천하기 전에 "갑절의 능력을 제게 주소서" 하고 구한다. 그리고 구한 대로 갑절의 능력을 받아 자신의 스승 엘리야보다 두 배의 기적을 행한다.

우리도 엘리야처럼 좋은 스승을 만나고 엘리사처럼 갑절의 능력을 발휘하길 기도해야 한다. 위대한 사람을 만나게 되면 "주님, 제게 그 사람보다 갑절의 기름부음을 주십시오"라고 기

도하자.

그리고 〈열왕기하〉에는 남유다와 북이스라엘 왕들의 통치가 기록되어 있다. 이스라엘은 우상을 숭배하고 가난한 사람들을 억압한 대가로 패망하고 만다. B.C. 722년 북이스라엘은 앗수르에 망하고 B.C. 586년 남유다는 바벨론에 의해 망하며 포로로 끌려간다. 현재까지 이스라엘 민족이 세계 각지에 흩어져 살게 된 것도 이때부터이다.

도표로 보는 구약 10

● 남유다와 북이스라엘 왕국

남유다 왕	연대	통치 기간
르호보암	B.C. 930~913	17년
아비얌	B.C. 913~910	3년
아사	B.C. 910~869	41년
여호사밧	B.C. 872~848	25년
여호람	B.C. 848~841	8년
아하시야	B.C. 841	1년
아달랴	B.C. 841~835	6년

요아스	B.C. 835~796	40년
아마샤	B.C. 800~783	14년
아사랴	B.C. 791~739	52년
요담	B.C. 747~731	16년
아하스	B.C. 731~716	15년
히스기야	B.C. 715~687	29년
므낫세	B.C. 697~642	55년
아몬	B.C. 642~640	2년
요시야	B.C. 640~609	31년
여호아하스	B.C. 609	3개월
여호야김	B.C. 609~598	11년
여호야긴	B.C. 598~597	3개월
시드기야	B.C. 597~586	11년

북이스라엘 왕	연대	통치 기간
여로보암	B.C. 930~909	22년
나답	B.C. 910~909	2년
바아사	B.C. 909~886	24년
엘라	B.C. 886~885	2년
시므리	B.C. 885	7일
오므리	B.C. 885~874	12년
아합	B.C. 874~853	19년

아하시야	B.C. 853~852	2년
요람	B.C. 852~841	12년
예후	B.C. 841~814	28년
요아하스	B.C. 814~798	17년
요하스	B.C. 798~782	16년
여로보암 Ⅱ	B.C. 793~753	41년
스가랴	B.C. 753	6개월
살롬	B.C. 752	1개월
므나헴	B.C. 752~742	10년
브가히야	B.C. 742~740	2년
베가	B.C. 740~732	8년
호세아	B.C. 732~722	9년

이스라엘아 회복하라

역대상하~에스더

저자 에스라, 느헤미야, 미상 **기록 연대** B.C. 464~420년경
내용 이스라엘의 멸망과 포로생활, 회복을 보여준다.

〈역대상하〉를 읽다 보면, 〈열왕기상하〉와 같은 내용이 반복되는 느낌이 들 것이다. 그러나 〈열왕기상하〉와 같은 내용이 아니라 일종의 부록처럼 설명하고 있는 부분들이 많은 것이다.

〈역대상하〉는 다윗의 개인적인 삶과 북이스라엘의 이야기는 빠져 있다. 대신 족보와 사울 왕의 죽음, 다윗의 업적과 솔로몬의 통치, 남북의 분단과 유다의 왕들, 예루살렘의 멸망에 대해 기록하고 있다.

이스라엘 백성은 하나님 앞에 범죄한다. 그래서 북이스라엘은 앗수르에 의해 망하고 남유다는 바벨론에 의해 망해서 모두 포로로 끌려간다. 이 말씀은 바벨론에 포로로 끌려갔다 온 유

다 사람에 의해 기록되었다고 추측하기도 한다. 그리고 "우리는 다윗의 자손이야! 우리에게는 예루살렘 성전과 예배가 중요해!"라는 정신을 다시 한 번 확고히 하기 위해서 쓰여졌다. 그래서 다윗의 삶과 북이스라엘의 이야기는 빠져 있다.

〈역대상하〉와 〈에스라서〉 그리고 〈느헤미야서〉는 네 부분으로 엮어진 한 권의 책이다. 유다의 선지자들은 백성에게 "일어나서 회개하라, 하나님께 돌아가라" 하였지만 귀담아 듣지 않아서 바벨론에 의해 멸망하고 포로로 끌려간다.

그로부터 50년 후, 바벨론이 바사(페르시아) 제국에 의해서 망하자 바사 제국이 바벨론을 통치하게 된다. 이때 고레스라는 왕이 등장하는데 이 왕은 "우리가 끌고 왔던 바벨론의 포로들을 고향으로 돌려보내라"라고 명령한다.

그래서 〈에스라서〉는 포로로 끌려간 사람들이 70년 만에 다시 고향으로 돌아와 예배를 회복하고 무너졌던 성벽을 다시 쌓는다는 메시지를 전달하고 있다.

〈느헤미야서〉는 〈에스라서〉와 같은 맥락에서 성전 회복에 대해 말하고 있다. 느헤미야는 바사 제국 왕의 생명을 책임지는 고위 공직자였다. 그는 하나님의 사명을 깨닫고 백성을 이끌고 예루살렘으로 돌아온다. 그리고 적들의 방해에도 불구하고 무너진 예루살렘 성벽을 52일 만에 회복하고 부흥을 일으키는 놀라운 일을 행한다.

사명을 가지고 영향력을 발하기를 원하는 사람이라면 〈느헤미야서〉를 읽을 것을 권한다. 느헤미야의 타고난 지도력과 더불어 무너진 성벽과 사명을 어떻게 회복했는지, 진정한 부흥이 무엇인지를 보여주기 때문이다. 또한 적들이 아무리 공격해도 믿음을 가지고 있으면 이긴다는 것을 배울 수 있기 때문이다.

느헤미야는 하나님께 쓰임받기를 끊임없이 간구했던 사람이다. 우리도 사명을 가지고 하나님께 부르짖으면 느헤미야처럼 우리를 쓰실 것이다.

〈에스더서〉는 포로로 끌려간 시기의 이야기로 바벨론의 왕과 결혼하고 자신의 민족을 적들로부터 구한 에스더의 감동적

인 이야기다.

정리하면 〈역대상〉부터 〈에스더서〉까지는 같은 맥락으로 읽어도 좋다. 이 말씀은 이스라엘 백성이 죄로 인해 망하고 포로로 끌려갔다가 그들이 다시 돌아가기 위해서 얼마나 발버둥쳤는지, 70년 만에 돌아와 어떻게 무너진 성벽을 다시 쌓고, 예배를 회복했는지를 기록하고 있기 때문이다.

Tip

'미스 바사선발대회' 우승자는?

에스더다. 그녀는 왕의 후궁으로 선발돼 모든 후보를 물리치고 왕의 눈에 들어와 왕비가 된다. 그 후 자기 민족을 구한다.

짚어 보기

1. 여호수아와 갈렙은 하나님의 능력을 믿었다. "아낙 자손은 우리의 밥"이라고 선포했던 그들은 광야에서 가나안에 들어간 유일한 지도자들이었다.

2. 사사들은 연약하고 부족한 사람들이었지만 하나님의 손에 붙들렸기 때문에 나라를 구하는 지도자가 되었다.

3. 사울은 겸손으로 시작하여 교만으로 끝난 불행한 왕이었다.

4. 다윗은 10대 시절 사무엘에 의해 기름부음을 받고 곧바로 왕이 되지 않았다. 20대를 광야에서 훈련받은 뒤에 왕이 되었다.

5. 솔로몬은 바보 같은 현인이었다. 700명의 부인과 300명의 후궁을 두었던 그는 이방 여자들까지도 부인으로 맞아들였고 그들이 섬기던 신을 섬기기도 했다.

구약

3장

하나님이 **주신** **교훈**을 노래하다

시가서의 이해

욥기

시편

잠언

전도서

아가

시가서는 〈욥기〉, 〈시편〉, 〈잠언〉, 〈전도서〉 그리고 〈아가서〉로 구성되어 있는데 모두 시(詩)로 이루어져 있다는 것이 특징이다. 노래하기 좋아하는 이스라엘 사람들은 노래하기 위해 시를 썼다. 인생을 살아가는 교훈과 지혜를 담고 있으며 대화체와 독백체로 말하고 있다.

인생의 교훈을 묻다

욥기

저자 미상 **기록 연대** 미상
내용 고난을 통해 하나님의 절대주권을 보여준다.

우스 땅에 욥이라 불리는 사람이 있었는데 그 사람은 온전하고 정직하여 하나님을 경외하며 악에서 떠난 자더라(욥 1:1).

성경말씀처럼 '의인'으로 불리는 욥은 착하고 신실한 사람이었다. 그는 아내와 아들 7명, 딸 3명인 가정의 가장이고, 양 칠천 마리, 낙타 삼천 마리, 소 오백 마리, 암나귀 오백 마리를 소유하고 있었으며 종도 많이 거느렸던 매우 훌륭한 사람으로 알려진 사람이었다.

그러던 어느 날, 소유하고 있는 모든 재산을 잃게 되는 사건이 벌어진다. 더 나아가 자식을 잃고 본인은 피부병으로 극심한

고통을 받는 아픔을 겪게 된다. 그러나 욥은 그렇게 뜻 모를 고통을 당하여도 끝까지 하나님을 저버리지 않는다. 친구들에게 억울하게 질책을 당해도 하나님을 원망하지 않았고, "하나님을 욕하라"는 아내의 말에도 넘어가지 않는다. 만약 신실하고 선한 사람이 왜 고통을 당하는지에 대한 질문이 있다면 〈욥기〉를 읽기 바란다.

우리는 〈욥기〉를 통해 이해하지 못하는 어떠한 상황 속에서도 하나님께서는 그 안에서 섭리를 베푸시고, 반드시 복을 주신다는 것을 깨달아야 한다. 그리고 반드시 회복시켜주신다는 것을 기억해야 한다. 인생의 고통과 어려움에 대한 답을 주는 말씀이 〈욥기〉이다.

Tip

하나님과 내기한 사탄은?

루시퍼다. '계명성'이라 해석되는 루시퍼는 하나님의 자리를 뺏으려 했던 천사였다. 그러나 그의 계획은 실패하고, 하나님께 내쫓겨 땅으로 떨어진다.

하나님의 위로를 받다

시편

저자 다윗, 솔로몬 외 **기록 연대** B.C. 1410~430년경
내용 하나님께 찬양과 경배 및 고백을 담은 시 모음집

〈시편〉은 성경에서 가장 긴 부분이자 핵심이다. 그리고 매우 개인적이고 실제적인 방식으로 인간의 경험을 기록하고 있다. 무려 150편이라는 폭넓은 시와 노래가 담겨 있는 〈시편〉의 저자로는 그 분량만큼 많은 사람이 있지만 그중에서 반절 정도 되는 73편을 쓴 다윗이 대표적인 저자라 할 수 있다.

〈시편〉은 찬양과 경배를 드리는 예배와 믿음 그리고 소망에 대한 메시지를 담고 있다. 그리고 하나님을 예배하기 위해 쓴 시, 인생의 교훈을 주기 위해 쓴 시, 소망을 주기 위해 쓴 시들을 모은 모음집이다. 또한 이스라엘 백성의 기쁨과 슬픔이 담겨 있는 기도서이기도 하다.

따라서 우리가 힘들고 어려울 때마다 〈시편〉 한 편씩 읽는다면, 이 말씀을 통해 사람에게 힘을 주시는 하나님의 능력을 체험하게 될 것이다. 수십 번, 수백 번을 읽어도 은혜롭고 감동받는 말씀이 〈시편〉이기 때문이다.

도표로 보는 구약 11

● 한눈으로 보는 시편

구분	1권 (1~41편)	2권 (42~72편)	3권 (73~89편)	4권 (90~106편)	5권 (107~150편)
편수	41	31	17	17	44
내용	예배의 노래	이스라엘에 관한 찬양		찬양의 노래	
저자	다윗	히스기야 또는 요시야		에스라 또는 느헤미야	
기록 시기	B.C. 1020~970	B.C. 970~610		B.C. 430	

인생의 성공을 묻다

잠언

저자 솔로몬 외 **기록 연대** B.C. 950~700년경
내용 도덕적, 윤리적인 교훈을 담고 있는 격언집

〈잠언〉은 지혜로운 왕으로 알려진 솔로몬에 의하여 대부분 기록되었으며 이성 문제와 재정 문제 등 인생을 살아가는 지혜를 담고 있다. 그래서 인생을 지혜롭게 살기 원한다면 〈잠언〉을 읽어야 한다.

요즘 미국에서는 실패한 사업가에게 〈잠언〉을 권한다고 한다. 미션스쿨이 아닌 일반 비즈니스 스쿨에서 "정말 잘살기 원한다면 하루에 한 장씩 〈잠언〉을 읽어라. 그리하면 당신의 인생이 바뀔 것이다"라고 하면서 "1년 동안 무조건 한 달에 한 장씩만 제대로 읽어도 성공할 수 있다"라고 말한다.

〈잠언〉은 한 달에 한 장씩 읽을 수 있도록 31장으로 구성돼

있으며 그 안에 지혜롭고 유익한 삶을 위한 실제적인 지침들이 풍부하다. 그렇기 때문에 한 달에 1장씩만이라도 읽는다면 하나님께서 정하신 대로 삶을 슬기롭게 영위할 수 있을 것이다.

도표로 보는 구약 12

● 한눈으로 보는 잠언

말씀	주제
1:1~9:18	지혜의 찬양
10:1~22:16	솔로몬의 잠언
22:17~24:34	지혜자의 말
25:1~29:27	솔로몬의 잠언 II
30장	아굴의 말
31:1~9	르무엘의 말
31:10~31	현숙한 여인

인생의 철학을 묻다

전도서

저자 솔로몬 **기록 연대** B.C. 935년경
내용 무의미하고 헛된 삶을 성찰한다.

헛되다는 것이 핵심 구절인 〈전도서〉는 솔로몬이 노년기에 인생의 참 가치와 의미는 하나님과의 관계 회복에 있다는 것을 보여주기 위해 기록하였다. 총 12장으로 구성되어 있으며 세상의 모든 것이 헛되고 의미가 없지만 창조주 하나님을 만나면 허무한 인생도 달라질 수 있다고 반복하여 말하고 있다.

특히 청년들에게는 인생이 허무하다고 느껴지거나, 노년이 오기 전에 하나님을 기억하라고 충고한다. 또한 모든 역사가 하나님의 섭리에 의한 것임을 깨닫고 그 섭리를 즐기라고 말하고 있다.

〈전도서〉는 허무한 인생도 하나님을 만나면 행복한 인생으

로 바뀔 수 있다는 것을 설명하고 있다. 철학적인 고민을 하길 원한다면 〈전도서〉를 펴라. "헛되고 헛되도다"라는 말씀에서 깨달음을 얻을 것이다.

Tip

〈전도서〉의 원서 이름은?

코헬렛(Qoheleth), 즉 '회중을 모은 사람'이며, 이는 예루살렘 왕 다윗의 아들을 가리키기도 한다.

하나님 **사랑**을 **노래**하다

아가

저자 솔로몬 **기록 연대** B.C. 970~960년경
내용 솔로몬과 술람미 여인의 순수한 사랑을 이야기한다.

아가라는 말은 노래 중에 노래라는 뜻이다. 〈아가서〉는 술람미 지역의 어느 포도원에 들른 솔로몬이 그곳에서 일하고 있던 한 여인을 사랑하게 되고 그녀를 예루살렘 왕궁으로 데려오는 이야기이다. 즉, 솔로몬과 포도원 지기인 술람미 여인의 만남과 사랑의 시작을 다루고 있다. 한 편의 감동적인 영화를 보는 듯한 느낌이다.

1장부터 4장까지는 연인에 대한 신부의 사랑 노래와 서로의 아름다운 사랑을 통해 그 사랑이 절정에 이르고 있음을 노래하고 있다. 모든 연인이 그러하듯이 사랑은 위기를 맞는 법이다.

그래서 5장에서는 사랑하는 사람과의 갈등을 묘사하고 있고 6장에서는 두 사람의 극적인 재회를 노래한다.

7장에는 3개의 노래가 기록되어 있는데, 첫 번째 노래는 연인을 향한 남자의 노래이고, 두 번째는 사랑하는 연인과의 재회를 기뻐하는 남자의 노래이며, 세 번째는 남자의 노래에 화답하는 여자의 노래이다. 8장에서는 신랑과 신부가 서로의 사랑을 노래한다. 따라서 〈아가서〉를 읽으면 한 편의 뮤지컬을 감상하는 느낌일 것이다.

짚어 보기

1. 하나님은 사단에게 욥의 시험을 허락하셨고 사단은 욥이 하나님을 원망하도록 유혹했다. 하지만 욥은 하나님을 끝까지 신뢰했다.

2. 다윗은 시와 노래로 하나님의 능력과 성품을 찬양했던 음악가요, 시인이었다. 그가 지은 많은 시가 실려 있는 〈시편〉은 그 내용이 풍성하고 아름다워서 작은 성경이라고 불릴 만하다고 마르틴 루터는 말했다.

3. 〈잠언〉은 영향력 있는 인생으로 살아갈 수 있도록 도와주는 교과서이다.

구약

4장

—

하나님이 **주신** **진리**를 외치다

예언서의 이해

이사야~다니엘

호세아~말라기

예언서는 〈이사야서〉를 시작으로 〈말라기서〉까지의 기록이다. 이들은 북이스라엘과 남유다에서 활동을 하였으며 왕과 백성을 향해 하나님의 말씀을 전했다. 선지자들은 단순히 미래에 대한 예언을 한 것이 아니라 이스라엘과 유다 사람들이 하나님을 떠났을 때 그들에게 심판과 멸망을 예언하면서 회개를 촉구했다. 또한 이방신을 섬기고 가난한 사람을 학대하며, 정직하지 못한 행동들에 대하여 꾸짖었기 때문에 사람들에게 환영받지 못했다. 엘리야와 엘리사, 호세아, 아모스는 북이스라엘에서 활동한 예언자들이고 나머지는 남유다 및 포로생활과 귀환 시기에 활동하였다.

하나님께서 구원하신다

이사야~다니엘

저자 이사야, 예레미야, 에스겔, 다니엘
기록 연대 B.C. 739~530년경 **내용** 예루살렘에 대한 예언들

〈이사야서〉는 아모스의 아들인 이사야가 기록한 예언서이다. 그는 왕족의 피를 이어받았고 므낫세 왕에 의하여 죽임을 당한다. 〈이사야서〉 1~39장은 유다가 포로로 끌려가기 전의 예언을 기록하고 있다. 예루살렘은 부유한 도시가 되었지만 부자들은 가난한 사람들을 돌보지 않고 압제하며 이방 신을 숭배했다. 〈이사야서〉는 그들을 향해 경고하는 메시지다.

40~66장은 150년의 시간이 흐른 후 그들의 포로생활이 끝나갈 당시의 사건을 기록하고 있다. 이 구절에서는 희망과 회복을 선포하고 있어서 40~66장은 이사야가 아닌, 당시 현장에 있었던 이사야의 제자들이 기록했다고 믿고 있다.

〈이사야서〉를 전문적으로 살펴보면 한 사람이 쓴 것 같지 않은데 이사야의 제자가 이스라엘 회복 후에 썼기 때문이라고 이해하는 신학자들이 많다. 〈이사야서〉를 읽다 보면 39장까지는 멸망과 포로 이야기로 힘든 상황을 이야기하지만, 40장부터는 희망과 도전, 격려의 메시지가 많다.

그래서 모든 예언서는 시작은 멸망을 예언하지만 끝은 희망을 말하고 있음을 알 수 있다. 이것이 예언서의 특징이다.

우리가 범죄하거나, 문제가 있을지라도, 하나님께서는 반드시 회복시켜주신다. 주님께서는 우리를 절대로 포기하시지 않고 말씀하신 대로 세우셔서 반드시 사용하신다는 것을 믿어야 한다.

〈예레미야서〉에 나오는 예레미야는 10대 시절에 열방의 선지자로 하나님의 부르심을 받는다. 그때 예레미야는 "전 아이라서 말할 줄 모릅니다"라고 말했지만 주님께서 "아이라 말하지 마라. 내가 너와 함께하여 너를 쓰겠다" 하고 말씀하셨다. 우리는 아무리 나이가 어리고 능력이 부족하다고 해도 하나님께

서 쓰시겠다 하시면 쓰임받을 수 있다.

예레미야가 어린 나이에 선지자로 부름받아 나라가 멸망한다고 예언하니 백성이 그를 미워하기 시작했다. 그러나 백성은 결국 예레미야가 예언한 대로 바벨론에 의해 나라가 망하는 것을 목격하게 된다.

주님이 주신 예언을 받아 선포했지만 예레미야는 백성을 바라보면서 눈물을 흘렸다. 그래서 '눈물의 선지자'라는 별명을 갖게 된다. 우리는 이런 예레미야의 모습을 통해, 선지자가 백성 앞에서는 하나님 편에서 말하지만, 하나님 앞에 섰을 때는 백성을 대신해서 중보한다는 것을 알게 된다.

선지자들의 눈에는 늘 눈물이 있다. 우리도 가정에서 선지자가 돼야 한다. 더 나아가 직장과 나라의 선지자가 돼야 한다. 예레미야가 끝까지 하나님의 마음을 가졌던 것처럼 우리도 이와 같은 사람이 돼야 한다. 하나님의 눈물이 우리 안에 있길 소원한다.

바벨론의 공격을 받았을 때 예레미야는 하나님께서 말씀하신 대로 "이 나라는 망한다. 빨리 포기하고 항복하는 것이 살 길

이다"라고 말했다가 감옥에 갇히고 늪에 던져지기도 한다. 평생을 눈물로 보냈던 예레미야는 "하나님, 힘들어요"라고 말했지만 하나님께서는 "그것은 약과다. 너는 더 힘들어질 것이다"라고 말씀하셨다. 이것이 하나님의 위로다.

눈물의 선지자 예레미야가 쓴 〈예레미야애가서〉는 5장으로, 각 장마다 한 편의 시가 기록되어 있다. 바벨론 군대에 의하여 멸망하는 예루살렘의 모습을 보며 슬픔을 노래한 5개의 시다. 그래서 눈물로 고백하며 지은 노래라는 뜻에서 '애가'라는 말을 붙인 것이다. 슬픔 속에서도 "하나님께서 예루살렘을 회복시켜주실 것이다"라는 하나님의 약속을 기억하고 마지막에는 회복을 노래하고 있다. 눈물뿐만 아니라, 기쁨과 기대가 있는 5개의 시다.

〈에스겔서〉는 48장으로 기록돼 있으며 에스겔은 바벨론 포로생활 당시의 선지자다. 1~32장은 예루살렘 멸망 전의 기록으로, 경고와 하나님의 심판을 예언하고 있고 33~48장은 예루

살렘 멸망 이후의 기록으로, 하나님의 회복을 희망적으로 노래하고 있다. 〈에스겔서〉에는 마른 뼈가 살아나는 기록이 있다. 죽어서 소망이 없지만 하나님이 함께하시면 살아난다는 것이다. 정말 마른 뼈가 살아나는 기적을 보기 원한다면 하나님을 소원하길 바란다. 그러한 도전을 주고 희망을 주는 말씀이 〈에스겔서〉이다.

〈다니엘서〉는 두 부분으로 나눌 수가 있다. 첫 번째 부분은 6장까지로 다니엘과 그의 친구들이 하나님의 은혜로 높은 지위에 올라간 것을 기록하고 있으며 포로생활에 지쳐 있는 유대인들을 격려하기 위한 목적으로 쓰였다.

다니엘은 사자굴에 던져졌는데도 살아났고 최소한의 음식을 먹었는데도 남들보다 건강하고 지혜가 10배나 더 뛰어난 사람이 됐다. 우리도 하나님이 함께하시면 다니엘과 같이 될 수 있다.

두 번째 7~12장까지의 부분은 다니엘의 꿈들을 기록하고 있는데 환상을 통해 하나님께서 세계를 주관하고 계심을 보여준

다. 한마디로 〈다니엘서〉는 "하나님은 전능하시다"라는 것을 말하고 있다. 이것이 〈다니엘서〉의 핵심이다.

도표로 보는 구약 13

● 이스라엘의 대선지자

선지자	사역 연대	사역지	특징
이사야	B.C. 739~680	예루살렘	메시아의 선지자로 불림
예레미야	B.C. 627~586	아나돗, 예루살렘	눈물의 선지자로 불림
에스겔	B.C. 593~570	바벨론 그발 강 가	환상의 선지자로 불림
다니엘	B.C. 605~536	바벨론	이방 시대의 선지자

하나님의 심판과 희망을 말하다

호세아~말라기

저자 호세아, 요엘, 아모스, 오바댜, 요나, 미가, 나훔, 하박국, 스바냐, 학개, 스가랴, 말라기
기록 연대 B.C. 850~430년경 **내용** 하나님의 심판을 예언

호세아는 이사야가 남유다에서 활동할 당시에 북이스라엘에서 활동한 선지자다. 그는 하나님의 명령으로 음란한 여자 고멜과 결혼을 한다. 자식을 셋이나 낳았지만 그녀는 집을 나가 매춘부 생활을 한다. 하지만 호세아는 그녀를 끝까지 사랑하여 다시 아내로 맞아들인다.

이러한 일을 통하여 하나님께서 말씀하셨다. "너희가 매춘부 같이 행해도 나는 너희를 절대로 포기하지 않는다. 너희를 향한 사랑은 변하지 않을 것이다. 너희는 영원히 내 아내다!"

〈호세아서〉에서는 하나님의 사랑과 우리를 포기하시지 않는 그분의 마음을 보여준다. 하나님께 붙들린 자는 주님께서 끝

까지 책임지심을 믿어야 한다.

요엘은 포로생활을 마치고 고향으로 돌아온 시기에 활동을 한 선지자다. 그는 메뚜기 재앙을 예언했고 성령이 모든 육체에게 임할 것이라고 말했다.

아모스는 유대 출신의 양치기로 북이스라엘에서 활동한 선지자다. 그는 하나님의 공의를 선포하며 하나님에 대한 믿음을 회복하고 가난한 사람들을 돌볼 것을 촉구했다. 특이한 것은 남유다 사람으로서 북이스라엘에서 활동했다는 점이다.

그는 가정 배경도 없고 성경에도 기록되어 있지 않다. 그래도 하나님께서 쓰셨다. 우리는 하나님께서는 배경 없는 자도 쓰신다는 것을 알 수 있다.

아모스라는 이름은 '무거운 짐을 졌다'는 뜻이다. 즉, 그는 하나님의 짐을 지고 가서 말씀을 선포한 사람이다.

〈오바다서〉는 구약에서 가장 짧은 말씀이다. 단 한 장의 기록

이며 시로 기록되어 있다. 오바댜는 남유다와 북이스라엘의 멸망을 예언한 것이 아니라 유다의 남쪽에 있었던 에돔의 멸망을 예언했다. 그들은 형제인 유다를 돕지 않고 오히려 바벨론에 동조하고 폐허가 된 도시를 약탈했기 때문이다. 결국 오바댜의 예언대로 에돔은 멸망한다.

〈요나서〉는 다른 선지자들이 "아멘"하고 순종했을 때 그들과 다르게 반항하고 하나님의 말씀을 따르지 않은 선지자 요나에 대한 기록이다. 하나님께서는 니느웨로 가라고 하셨는데 그는 순종하지 않고 다시스로 가는 배를 탄다. 그러다가 물속에 빠져 물고기 뱃속에서 3일 만에 간신히 살아나오게 된다. 그리고 니느웨로 가서 "회개하라"는 한 마디를 외쳤는데, 백성이 모두 회개하게 된다.

우리는 〈요나서〉를 읽으면서 우리의 불순종한 모습을 깨닫고 회개해야 한다.

미가는 B.C. 8세기에 활동했던 위대한 선지자 중 한 사람이

다. 아모스와 호세아는 북이스라엘에서 활동했고 이사야와 미가는 남유다에서 사역했다.

미가는 공의의 하나님을 선포했고 예루살렘의 회복과 베들레헴에서 세상을 다스리실 통치자가 태어날 것이라는 예언을 했다. 미가는 한마디로 공의의 선지자였다.

〈나훔서〉는 앗수르의 수도인 니느웨의 멸망을 축하하는 승리의 시이다. 유다를 괴롭히던 앗수르는 바벨론에 의해 B.C. 612년에 망한다.

〈하박국서〉는 〈나훔서〉보다 더 짧은 기록이다. 앗수르는 망했지만 더 강하고 악한 바벨론이 등장한다. 이것이 하박국의 예언이었다. "하나님 왜 그러시죠?"라는 질문과 함께 답을 구하고 있다.

〈스바냐서〉를 쓴 스바냐는 유다 히스기야 왕의 후손이며 요시야 때에 예언을 했다. 이스라엘 사람들은 "여호와의 날에 주

님이 오셔서 도우실 거야!"라고 말했지만, 스바냐는 "주님은 너희를 도우시러 오시는 것이 아니라 너희를 치러 오시는 거야" 라고 죄의 심판에 대해 예언했다.

〈학개서〉는 B.C. 520년 예루살렘에서 행해진 예언으로, 돌아온 유다 백성에게 성전 재건축을 촉구하는 내용이다.

〈스가랴서〉는 B.C. 520~518년 사이에 이루어진 예언으로, 1~8장까지는 새로운 성전과 포로생활에서의 귀환을, 9~14장까지는 메시아에 대한 환상을 말하고 있다. 중요한 것은 〈스가랴서〉에는 오실 그분, 메시아에 대한 말씀이 담겨 있다.

말라기가 활동했던 시대에는 성전이 재건되고 생활도 안정되지만 예배는 공허해지고 사람들은 다시 하나님을 멀리한다. 그러한 일에 대해 말라기는 "하나님의 심판이 올 것이다. 주의 길을 예비하는 자가 올 것이다"라고 예언한다.

도표로 보는 구약 14

●이스라엘의 소선지자

선지자	사역 연대	사역지	특징
호세아	B.C. 745~715	북이스라엘	우상숭배하는 이스라엘
요엘	B.C. 830	북이스라엘	여호와의 날 선포
아모스	B.C. 760~753	북이스라엘,이방,유다	사치, 방종을 책망
오바댜	B.C. 848~841	에돔	에돔의 심판
요나	B.C. 793~753	앗수르의 니느웨	심판을 면한 니느웨
미가	B.C. 735~700	사마리아, 예루살렘	도덕성을 강조
나훔	B.C. 664~654	앗수르의 니느웨	니느웨의 심판
하박국	B.C. 609~605	유다인	바벨론 통치에 대한 의문
스바냐	B.C. 632~628	예루살렘, 열방	심판과 남은 자의 회복 예언
학개	B.C. 520	유다인	성전 재건을 독려
스가랴	B.C. 520~480	유다인	도덕적 개혁을 촉구
말라기	B.C. 432~424	유다인	죄를 지적하고 회개 촉구

짚어보기

1. 예언자는 미래에 일어날 일을 예견하는 사람이 아니다. 잘못된 길을 가고 있는 사람들에게 경고하여 바른 길로 갈 수 있도록 말해주는 사람들이다.

2. 하나님은 멸망을 원하시지 않는다. 그러나 회복은 원하시기에 예언자들을 통해 회개를 촉구하셨다.

3. 예언자들은 경고하고 멸망을 예언한다. 그러나 늘 끝에는 하나님의 회복을 말한다.

4. 다니엘은 10대 시절에 바벨론에 끌려와서 바벨론의 교육을 받고 자랐지만 오히려 바벨론에 영향을 주는 지도자가 되었다.

5. 예레미야는 어린 소년이었지만 하나님은 그를 열방의 선지자로 부르셨다.